Tipps und Anregungen für Eltern, wie Kinder das Leben meistern lernen

Mehr Zeit für Kinder

PRÄVENTION
Die Initiative der BARMER AKTIV

BARMER
Deutschlands größte Krankenkasse

Was ich nicht kann …

1. Als ich klein war, fehlte mir der Mut zu geh'n,
ich konnte nicht einmal auf meinen Beinen steh'n.
Da sang ich für mich:
Was ich nicht kann, das lern ich noch,
ich weiß bestimmt, ich pack das schon, ich schaff das doch.

2. In meiner Schule war 'ne strenge Lehrerin,
die meinte, dass ich unbegabt in Mathe bin.
Da sang ich für mich:
Was ich nicht kann, das lern ich noch,
ich weiß bestimmt, ich pack das schon, ich schaff das doch.

3. Und ist der Berg auch hoch und ist der Weg auch weit,
ich komm wohin ich will, es braucht nur etwas Zeit,
sing ich für mich:
Was ich nicht kann, das lern ich noch,
ich weiß bestimmt, ich pack das schon, ich schaff das doch.

Verfasserin: Cee van Have aus Nentershausen bei Bad Hersfeld

Inhalt

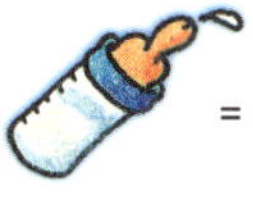 = Hinweise für Eltern von Kindern im Babyalter

Liebe Eltern,

Kinder entwickeln ihre Fähigkeiten, ihre eigenen Wertevorstellungen. Sie wollen ernst genommen werden und ernst nehmen. Sie müssen mit Ängsten umgehen können, wollen in ihrem Umfeld etwas bewegen. Dafür brauchen sie verständnisvolle Eltern und gute Freunde. Kinder wollen selbstbewusst und mit sich zufrieden sein, sich etwas zutrauen und Spuren hinterlassen.

Ziele, die hart erarbeitet sein müssen. Sicher, viele Charaktereigenschaften werden unseren Kleinsten mitgegeben. Doch ob sie ihre Stärken und Schwächen ausleben, hängt von ihrem Umfeld ab, also von Müttern, Vätern, Geschwistern, Freunden, vom Kindergarten und von der Schule.

Mütter und Väter sind dabei besonders wichtig. Denn sie sind die ersten und nächsten Bezugspersonen des Kindes. Menschen, die den Lebensweg eines Kindes entscheidend beeinflussen und es auf dem Weg zu seiner Persönlichkeit am intensivsten begleiten. Unser Ratgeber mit zahlreichen Tipps, Empfehlungen und Spieleideen soll helfen, Kinder zu zufriedenen und starken Persönlichkeiten zu machen.

Nun mögen Sie fragen: Was hat die BARMER, Deutschlands größte Krankenkasse, mit der Kompetenzförderung von Kindern zu tun? Eine ganze Menge. Lebenskompetenzen fördern, Kinder stark machen, ihnen vermitteln „Du schaffst das!"; all das kann dazu beitragen, dass Kinder eben nicht an sich zweifeln, ihre Probleme unbearbeitet lassen und Konflikten aus dem Wege gehen. Anderenfalls können dies die Ursachen für spätere Essstörungen, für Medikamenten-, Alkohol- und Nikotinmissbrauch, aber auch für illegalen Drogenkonsum sein. Ursachen für kostenintensive Krankheiten, bei denen die BARMER ihre Kunden mit Leistungen unterstützt, wieder gesund zu werden.

Begleiten Sie Ihr Kind auf dem nicht immer leichten Weg in das eigene Leben, auf dem Weg zu einer zufriedenen und starken Persönlichkeit! Dafür wünsche ich Ihnen und Ihrer Familie alles Gute.

Ihr
Dr. Eckart Fiedler
Vorstandsvorsitzender der BARMER

Kinder brauchen Bestätigung. Denn auf ihrem Weg durchs Leben stehen sie immer wieder vor Fragen wie:
»Geht das? Soll ich das überhaupt versuchen? Ob ich das jemals kann?«

Ohne Ermutigung von außen geht es hier oft nicht weiter. Um sich zu lebensbejahenden, selbstbewussten Persönlichkeiten entwickeln zu können, sind Kinder auf die motivierende Unterstützung ihrer Umgebung angewiesen. Vor allem auf die Unterstützung durch ihre Eltern. Sie müssen ihren Kindern Orientierung geben, ihnen Geborgenheit vermitteln, ihr Vertrauen in die eigenen Fähigkeiten wecken. Dabei gilt es immer wieder neu, eine Gratwanderung zu schaffen: die Gratwanderung zwischen »Grenzen setzen« einerseits und »Freiraum lassen« andererseits.

Eine Meisterleistung der Eltern, damit die Kinder ihr Leben meistern.

Dieses Buch möchte Eltern bei ihrer verantwortungsvollen Aufgabe helfen. Fachleute kommen zu Wort und Autoren, die selbst Kinder haben. Aber auch viele Eltern, die wissen, wovon sie sprechen. Nach dem Motto »von Eltern für Eltern« riefen die BARMER und der Mehr Zeit für Kinder e.V. dazu auf, sich an der Publikation mit Tipps und Anregungen zu beteiligen. Viele der zahlreichen Zuschriften sind in dieses Buch mit eingeflossen. Entstanden ist ein Ratgeber für den Familienalltag, mit einfach umzusetzenden Vorschlägen und Ideen.

Die Empfehlungen im Buch beziehen sich vorrangig auf ein (erstes) Kind. Eltern, die bereits ältere Kinder haben, werden natürlich viele Anregungen bereits zu ihren eigenen Erfahrungswerten zählen können. Aber auch Eltern brauchen schließlich Bestätigung!

Ihre
Simone Linden
Geschäftsführerin Mehr Zeit für Kinder e.V.

Folgende Sponsoren haben durch ihre redaktionelle Einbindung dazu beigetragen, das Buch zu finanzieren: Arcor, Studienkreis, Tempo und Tivola.

Förderung –
auf neuen Wegen zu neuen Zielen

von Dr. rer. nat. Gabriele Haug-Schnabel, Verhaltensbiologin, Privatdozentin an der Universität Freiburg, Beteiligung an interdisziplinären Forschungsprojekten zur Beobachtung und Analyse kindlichen Verhaltens; Initiatorin und Leiterin der 1993 gegründeten Forschungsgruppe Verhaltensbiologie des Menschen, Kandern

Es herrscht Einigkeit darüber, wie wichtig es ist, Kinder rechtzeitig und auch richtig zu fördern. Will man ein Kind vielseitig bilden, sollten seine geistigen Fähigkeiten von Anfang an angesprochen werden. Auch Bewegungsförderung mit ihren weitreichenden Konsequenzen ist zunehmend anerkannt, selbst wenn sie im Kinderalltag noch lange nicht ausreichend bedacht und umgesetzt wird. Unser Ziel sollte es sein, all das mit vielfältigen Angeboten zu wecken, was in jedem Kind steckt. Und es auf das vorzubereiten, was wir später einmal von ihm, als einem Mitglied unserer Gesellschaft, erwarten und an ihm schätzen.

Die Ziele werden klarer, nach den Wegen wird noch gesucht

Vor dem Hintergrund aktueller Forschungsergebnisse soll ein Kind beziehungsfähig, empathiefähig, kommunikationsfähig, konfliktfähig, gruppenfähig, lernfähig, entscheidungsfähig und handlungsfähig sein. Unser Anspruch an Förderung und Erziehung ist hoch, weil Kinder sich beim Erwachsenwerden auf vielen Gebieten bewähren müssen.

Für welche Aufgaben sind die Eltern zuständig, wann übernimmt der Kindergarten ergänzende Förderungsaspekte und wann geht die Haupterziehungsaufgabe mit auf die Schulen über? Wer kann und soll was leisten?

Eltern sind primäre Bezugspersonen und erste Entwicklungspartner eines Kindes. Der Kindergarten, manchmal auch die Kinderkrippe, sind familienergänzende Einrichtungen. Die Erzieher und die anderen Kinder, die neue Gruppenumgebung mit eigenen Gesetzen bieten zusätzliche Erfahrungsräume außerhalb der Familie. Kinder lernen die Unterschiedlichkeit menschlicher Lebensformen kennen. Sie erfahren, dass die Art des Zusammenlebens und der Interaktion in ihrer Familie nur eine Möglichkeit unter vielen anderen ist. Dies zeigt Alternativen auf, die sich in der Schule fortsetzen und ausprägen. Schulen sollten also für uns nicht nur Lern-Orte, sondern auch Lebens-Orte sein. Sie sollten Kindern nicht nur intellektuelle, sondern auch soziale und emotionale Fähigkeiten vermitteln und in dieser Hinsicht die Aufgaben der Eltern unterstützen. Für Kinder ist eine emotionale Förderung genauso wichtig, wenn nicht sogar die Grundlage für jeden Entwicklungsfortschritt. Hier das gewohnte Denken in getrennten Zuständigkeiten aufzugeben und statt dessen in sämtlichen Kindheitsstationen eine alle menschlichen Facetten umfassende Förderung im Auge zu haben, wäre eine Revolution: das Ende der Vorstellung, dass ein Kind für die Emotionen seine Eltern braucht, dass die Entwicklung von sozialer Kompetenz und erste Bildung in die Kindergartenzeit fällt und dass die Schule für das ernsthafte Kulturwissen verantwortlich ist.

Entwicklungsanreize bieten

Erziehung und Förderung sind um so wirkungsvoller, je näher sich die Angebote der Erwachsenen am Entwicklungsbedarf der Kinder orientieren. Doch dazu muss Eltern und Erziehern gerade dieser Entwicklungsbedarf bekannt sein. Eltern, aber auch alle Erwachsenen, ältere Kinder oder gleichaltrige, mit denen ein Kind lebt, die ihm im Alltag begegnen oder von denen es etwas lernen soll, sind ein Teil seiner Geschichte, seiner Biographie. Sie nehmen auf seinen Entwicklungsverlauf Einfluss. Unter ihnen wählt das Kind seinerseits diejenigen aus, die es individuell ansprechen und ihm möglichst passende Gestaltungsmöglichkeiten für seine Entwicklung bieten. Kinder erleben ihre Erziehung nicht passiv, sie erleben und gestalten ihre Entwicklung aktiv mit. Je kindgerechter eine Welt ist, desto eher kann ein Kind konstruktiv an seiner Entwicklung bauen.

Die Erwartungen eines Kindes

Im Laufe der Menschheitsgeschichte haben sich die wirklichen Bedürfnisse eines Kindes nicht verändert. Trotz kaum mehr überschaubarer kultureller Veränderungen erscheint das Kind angesichts seiner echten, entwicklungsfördernden Bedürfnisse altmodisch, aus einer anderen Zeit.

Jedes Kind erwartet von seinen Bezugspersonen:

- *ein emotionales Beziehungsangebot von zugewandten und ansprechbaren Eltern*
- *Geborgenheit und Sicherheit*
- *Antworten auf seine Fragen*
- *Orientierungshilfe im sozialen Miteinander*
- *eine kindgerechte Gestaltung seines Lebensraumes*
- *altersgemäße Entwicklungsanreize*
- *Nachahmungsmodelle in der Welt der Erwachsenen*
- *Aufgaben und Herausforderungen, die nicht zu leicht, sondern erst mit Anstrengung und Überlegung machbar sind.*

Das sind die Voraussetzungen, die ein Kind braucht, um möglichst bald und bei vielen Gelegenheiten zu spüren: »Ich schaff' das!«.

Sicher gebunden, um unabhängig werden zu können

Eltern müssen sich gleich zu Beginn ihres Elternseins als zugewandte, zuverlässige und zärtliche Bezugspersonen beweisen. Es geht um gegenseitige Aufmerksamkeit, damit ein Kontakt aufgebaut wird. Echte Bezugspersonen nehmen die Signale eines Kindes wahr, erschließen seinen aktuellen Zustand, reden mit dem Kind und reagieren prompt wie auch angemessen. Zwischen Bezugspersonen und dem Kind muss die Gelegenheit zu regelmäßiger Zwiesprache gegeben sein. Denn nur bei Kontinuität in der erzieherischen Betreuung entsteht eine sichere Bindung. Diese kommt der menschlichen Neigung entgegen, enge emotionale Beziehungen zu suchen und einzugehen, um aus dieser Geborgenheit heraus Anforderungen und Anregungen von den Bezugspersonen annehmen zu können.

Die elterliche Feinfühligkeit im Dialog mit dem gesprächsbereiten Kind gestaltet das Beziehungsgeschehen. Jedem Kind ist zu wünschen, dass sich seine Bezugspersonen bemühen, mit ihm gerade auch dann in Gespräch und Kontakt zu bleiben, wenn es gestresst und bedürftig wirkt und wenig interaktionsbereit.

Wirklich vorwärts geht es nicht immer nur voran

Bei einer normalen Entwicklung geht nicht immer alles eindeutig vorwärts. Das kindliche Verhalten hat immer wieder den Anschein deutlicher Rückschritte: Das Kind ist wieder unselbständiger, wird scheinbar wieder abhängiger von der Bezugsperson. Es weint mehr, besteht auf Körperkontakt, schläft nicht mehr allein, isst schlechter. Diese typischen Verhaltensauffälligkeiten kommen durch altersgemäße Ausreifungen und Differenzierungen im Gehirn zustande. Meist finden im Abstand von einigen Wochen fundamentale Umorganisationen im Zentralnervensystem statt. Das Kind nimmt mehr wahr und versteht mehr. Ein großer Entwicklungsschritt ist passiert, doch der wirkt erst einmal verunsichernd.

Deshalb traut sich ein Kind plötzlich einige Aktivitäten nicht mehr zu. Es fordert Hilfe in Situationen, die es eigentlich selbständig bewältigen könnte. Dies ist ein Schutzmechanismus, der zum Einsatz kommt, bevor zuviel Neues die innere Stabilität gefährden würde. Um den Fortschritt zu verkraften, wird Hilfe geholt, und zwar bei den bereits für Schutz zuständigen Bezugspersonen. Mit dieser Rückendeckung und der unbewussten Strategie, möglichst klein und hilflos zu wirken, verkraftet es die Umstellungen.

Und es muss ein weiterer Schritt in der Auseinandersetzung mit der neuen Erfahrung vollzogen werden, damit der Entwicklungsprozess des Kindes voranschreitet: Dieser Schritt zeigt sich in Konflikten oder Misstönen mit der Bezugsperson. Die Bezugsperson gewährt wieder mehr Nähe, aber dann entzieht sie sich genervt, das Kind fordert sie mit Nachdruck zurück, sie akzeptiert kurz das regressive Verhalten, entzieht sich wieder, das Kind fordert nach...

Dieser Interessenskonflikt ist der Motor, der die Entwicklung weiter bringt:

- Das Kind signalisiert: Ich brauche dich, ich kann es nicht ohne dich.
- Die Bezugsperson meldet: Du brauchst mich nicht, du kannst das prima allein, ich kenne dich, du wirst sehen, es geht.

Das Wunder passiert. Der Sprung ist getan und damit die Hürde genommen. Jetzt geht es wieder vorwärts. Der Widerstand der Bezugsperson, den Rückfall nicht längerfristig, sondern nur zum kurzfristigen Verschnaufen zu akzeptieren, dabei aber schützende Nähe und vor allem Vertrauen in die erweiterten Fähigkeiten des Kindes zu signalisieren, war echte Förderung. Die schwache Phase ist überwunden, sie war aber wichtig, um den Sprung zu tun. Sie auszulassen, käme einem Erfahrungsentzug gleich. Das Kind hat gelernt: Man darf auch mal schwach sein und findet Rückhalt und Ansporn beim Wiederdurchstarten.

Warum der Satz »Wehr dich!« nicht die Verteidigungsbereitschaft fördert

Mutter ist mit Jonas auf dem Spielplatz. Nachdem er eine Viertelstunde neben ihr auf der Bank saß und alle anwesenden Kinder beobachtet hat, steht er auf und geht Richtung Schaukel. Er wartet, bis ein Mädchen eine der Schaukeln verlässt, schaut sich nochmals um und wird von einem anderen Jungen zur Seite geschoben, der mit einem Sprung auf der Schaukel sitzt. Jonas wartet. Wieder wird eine Schaukel frei, Jonas steigt auf und schaukelt gerade los, als ihn ein anderer Junge beim Schwungholen bremst und von der Schaukel zieht. Jonas bleibt unschlüssig stehen, holt dann aus dem Korb Sandschaufel und Eimer und steigt in den Sandkasten.

Als die Mutter kurz danach wieder aufschaut, sitzt Jonas am Rand, ohne Eimer und ohne Schaufel, und sieht zwei Kindern zu, die mit seinen Spielsachen im Sand spielen. »Die haben mir die Sachen weggenommen!« erklärt er seiner Mutter. »Mein Gott, dann wehr dich eben, sonst können wir ja gleich heimgehen!« schimpft die Mutter, deutlich wütend auf Jonas.

So gern Erwachsene nach derartigen Vorfällen ein selbstsicheres Auftreten sehen würden und ein Sieg sie beruhigen würde, einfordern kann man dies nicht. Das Gegenteil wird dadurch bewirkt. Das Kind fühlt sich nach seinem Misserfolg unter den Gleichaltrigen auch noch von den Erwachsenen gedemütigt, denn sie verlangen gerade das von ihm, was es gerne täte, aber eben nicht kann. Sonst wäre es ja nie zur Niederlage gekommen. Der Satz »Wehr dich!« aktiviert nicht seinen Mut, sondern seine Angst. Kommt man oft in diese unangenehme Situation, können sich Verhaltenstendenzen, wie sich zu verteidigen und auf seinem Recht zu beharren, immer mehr mit ängstigenden Impulsen verknüpfen. Dieser direkte Weg, sich gegen andere durchzusetzen, ist also vorerst blockiert. Die Lösung muss über einen Umweg zustande kommen.

Wie könnte echte Hilfe aussehen...?

...eine Unterstützung, die diese Schwäche zuerst verkraften und dann bewältigen hilft? Zu unüblichen Zeiten zum Spielplatz gehen, wenn der Andrang an den Schaukeln nicht groß ist, das Kind zur Schaukel begleiten, bei mehreren Bewerbern einen Abwechselmodus vorschlagen, die anderen ins Gespräch einbeziehen. »Jetzt schaukelt Katja, jetzt Jonas, nach Jonas kommt Leon und dann wieder Katja...«. Oder die Eltern des betroffenen Kindes laden einzelne Kinder zu sich nach Hause ein. Dann klappt das Sich-verteidigen und Sich-durchsetzen sicher auch besser. Hier kann das Kind üben und durch die gewonnenen Erfahrungen Sicherheit gewinnen. Dies muss ein paarmal klappen, dann wird die Angst zu versagen weniger. Jetzt noch zu wissen, dass man gut Fußball spielt, beim Klettern unschlagbar und beim Witze erzählen der Beste ist, verändert die Einstellung den Schwächen gegenüber, macht sie kleiner, unwesentlicher und deshalb bearbeitbar. Seine Schwächen kennt jeder von allein, auf die Pluspunkte muss jedoch aufmerksam gemacht werden.

Wenn Förderung schief läuft – das Recht auf eigene Erfahrungen

Erwachsene organisieren, terminieren, kommentieren und kontrollieren gern und erfolgreich ihre Tätigkeiten, doch viel zu oft und dann folgenschwer auch kindliches Spiel. Diese Form der Reglementierung – mitunter sogar als Förderung verstanden – ist fatal. Oft ist Angst vor Zeitverlust, vor Unordnung und »unnötiger« Arbeit der Grund. Auch möchte man Kindern Umwege ersparen. Fast schon grotesk mutet es an, wenn Erwachsene eingreifen, um einen »Fehler« im Spiel zu verhindern. Erwachsene meiden Fehler, weil diese Rückschläge bedeuten und Zeit kosten. Für Kinder sind Fehler zuerst einmal kein Misslingen, sondern Varianten, die anders als erwartet ausfallen. Es sind Effekte, mit denen sie zwar nicht gerechnet haben und die sie im Moment auch nicht gebrauchen können. Aber wer weiß, vielleicht können sie später mal auf diese Erfahrung zurückgreifen.

»Das nehme ich dir ab«...

...kann ein recht harmloser Satz sein, wenn er eine Hilfestellung zwischen zwei Partnern beschreibt. Hinter diesem Satz kann sich aber auch etwas ganz anderes verstecken. Er kann die getarnte Beschreibung einer speziellen Form der Entmündigung sein, vor allem wenn ein »starker« Mensch ihn zu einem »schwachen« Menschen sagt. Einem Kind alles abnehmen, um ihm alles leicht machen zu wollen, ist nur auf den ersten Blick eine liebevolle Zuwendung. Etwas ganz anderes passiert, nämlich:

- dass man dem Kind die Aufgabe nicht zutraut, zumindest nicht in der dafür vorgesehenen Zeit und auch nicht mit dem erwarteten Ergebnis
- dass man ihm seine Aufgabe abnimmt, nein: wegnimmt
- dass man es seiner Einflussmöglichkeiten beraubt und ihm seine Art von Ergebnis vorenthält
- dass man dem Kind die Chance nimmt, selbst nach einer Lösung zu suchen, nach seinem Weg, diese Hürde zu meistern.

Erwachsene machen sich dies viel zu selten bewusst, aber bei derartigen Aktionen »verwöhnen« sie Kinder im negativsten Sinne. Sie tun ihnen nichts Gutes, das ist keine Förderung. Wer einem anderen alles abnimmt, beraubt ihn seiner großen Gefühle, die kompetent machen und stark aus Situationen hervorgehen lassen.

Es geht um Empfindungen wie:

- *Ich habe es geschafft.*
- *Ich finde es gut, wie es geworden ist.*
- *Ich glaube, es geht noch besser, vielleicht versuche ich es nochmals.*
- *Ich habe es nicht hinbekommen, aber ich habe es versucht.*
- *Ich weiß, das kann ich nicht gut, das nächste Mal hole ich mir Hilfe.*

Auf der einen Seite »die Gene«, auf der anderen Seite »die Umwelt«

Menschen können sehr unterschiedliche Persönlichkeiten sein. »Ganz der Papa«, »wie die Großmama« oder »Das kommt nicht aus unserer Familie«. Mit solchen Argumenten weisen wir auf Ähnlichkeiten im Verhalten oder eben auf krasse Gegensätze bei Verwandten hin. Die Gene werden immer stärker eingeschätzt als die Erziehung. Doch: Die Gene können nicht ohne Umwelt verhaltenswirksam werden, und eine Umwelt allein kann auch nicht ohne genetische Basis einen Effekt auf das Verhalten haben.

Besonders eindrucksvoll ist dieses Zusammenspiel am Beispiel der Intelligenz zu sehen: Die genetische Ausstattung für Intelligenz stellt den Rahmen unserer »intelligenten« Möglichkeiten dar. Allein sind die Gene nichts. Sie müssen durch Förderung und Bildung, durch sozialisierende Umweltbedingungen realisiert werden. Durchschnittlich gelingt dies heute für zwei Drittel unserer für die Intelligenz relevanten genetischen Ausstattung, ein Drittel der vorhandenen Möglichkeiten wird durch die aktuelle Bildungsumwelt nicht entfaltet. Es bedarf noch vieler Bildungsanstrengungen, bevor wir an unsere genetischen Grenzen stoßen!

Selbst die Persönlichkeit kann man fördern

Das Ziel ist eine starke Persönlichkeit. Eine erfolgreiche Förderung trägt dazu bei, der Persönlichkeit eines jeden Kindes zum Durchbruch zu verhelfen.

Wir sprechen heute von der Ich-Stärke eines Kindes und sehen dabei vor allem die Fähigkeiten, sich durchsetzen und seine Bedürfnisse verwirklichen zu können. Doch Ich-Stärke bedeutet mehr: so die innere Stabilität, in ganz verschiedenen Situationen immer derselbe oder dieselbe zu bleiben, in sich zu ruhen, immer wieder zu sich zu finden, selbst gegensätzliche Empfindungen zu einer Einheit zusammenzuführen und akzeptieren zu können.

Merkmale einer starken Persönlichkeit lassen sich an fünf Punkten festmachen:

1. Es ist zum einen die ***emotionale Stabilität***, die auf einer positiven Lebenseinstellung beruht. Gemeint ist innere Ausgeglichenheit, ebenso die Fähigkeit, mit großen Gefühlen umgehen zu können. Bei einem gelungenen Eltern-Kind-Dialog erfahren beide »Gesprächspartner« eine stimmig erlebte Beziehungsrealität. Das ist wichtig, denn ein Kind lernt am meisten über sich, wenn seine Gefühle und Wahrnehmungen einfühlsam erfasst und sprachlich passend bestätigt werden. Es fühlt sich verstanden. Das ganze Repertoire an Emotionen und Empfindungsäußerungen sollte ins gemeinsame Erleben eingeschlossen sein. Alles darf ausgesprochen und nichts muss ausgeklammert werden.

Menschen, die derartiges erlebt haben, erweisen sich als die besten Bewältiger von Krisen. Sie stellen auch in schwierigen Situationen und unter Stress ihre Interaktionen mit anderen nicht ein, bleiben aktiv und erwarten nicht, dass nur »von außen« die Rettung kommen kann. Das bedeutet aber auch, von sich aus nach Unterstützung zu suchen und diese notfalls einzufordern, seine Bedürfnisse zu äußern, eigene Defizite offen anzusprechen und nach Auswegen Ausschau zu halten. Das setzt Vertrauen in sich selbst voraus, ebenso die Sicherheit, sich auf seine eigenen Gefühle verlassen zu können. Das ist emotionale Stabilität.

2. Auch die ***Verträglichkeit*** gehört zu den Persönlichkeitsmerkmalen. Verträgliche Menschen bleiben nicht beim Erkennen und Anprangern von Problemen stehen; sie versuchen den Konflikt zu lösen, wenn irgend möglich mit mehreren Gewinnern. Alle Kinder machen sich auf die Suche nach Verhaltensmodellen in Konflikten und werden je nach ihren Lebensbedingungen unterschiedlich geeignete kennen lernen und sich daran orientieren. Langfristig erfolgreich und akzeptiert ist, wer die Erfahrung macht, dass der eigene Handlungsspielraum möglichst groß sein sollte, man aber dennoch seine Grenzen kennt und beachtet.

Wer gelernt hat, dass Wut durchaus berechtigt ist und in gemäßigter Form auch gezeigt werden darf, der kann mit ihr umgehen, ohne von ihr beherrscht zu werden. Ganz wichtig: Eine solche Person wird auch unter Kontrahenten ernst genommen; die Person denkt über eine Lösung nach, die die Belange der Kontrahenten berücksichtigt. Wenn ein Kind wütend ist, an der wütend machenden Situation aber tatsächlich nichts zu ändern ist, braucht es jemanden, der seinen Ärger versteht und es beruhigt. Passiert das, spürt das Kind seine Wichtigkeit und dass berechtigte Gründe seinen Forderungen im Wege stehen. Jetzt kann man mit ihm reden und auf eine einvernehmliche Lösung hoffen. Unter diesen Bedingungen – also mit Verständnis und Ruhe – auf die Wünsche anderer einzugehen, versteht das Kind nicht als Gesichtsverlust. Im Gegenteil, es ist eine beachtenswerte Leistung.

3. Eine starke Persönlichkeit ist ***gewissenhaft*** und ***verlässlich***. Das setzen wir voraus. Doch wie wird man das? Sobald ein junger Mensch sich anerkannt und ernst genommen fühlt, interessiert er sich für die Personen, die ihn auf diese Weise wert schätzen. Ihre Vorstellungen sind ihm wichtig, er beobachtet sie und versucht immer mehr über sie zu erfahren, immer mehr Situationen gemeinsam mit ihnen zu erleben und es ihnen gleich zu tun. Er möchte sie nicht enttäuschen. Personen, die uns anerkennen, im Gegenzug auch anzuerkennen, fällt uns leicht. Gegenseitige Anerkennung ist eine der besten Voraussetzungen für eine tragfähige Kind-Erwachsenen-Beziehung und für die gesicherte Weitergabe von als wichtig und wertvoll eingeschätzten Vorstellungen – unabhängig davon, wie alt das Kind ist. Dies ist einmal ein anderer Förderungsblick auf Erziehung und Wertevermittlung. Spielregeln für das soziale Miteinander – wie Partnerschaft, Rücksicht, Fairness, Gewissenhaftigkeit und Verlässlichkeit – lernen und verinnerlichen wir über den Kontakt mit Menschen, die diese Spielregeln beherrschen, uns schätzen und von uns geschätzt werden, zu Hause und außer Haus.

4. Mit ***Nach-außen-gehen*** ist eine Merkmalskombination gemeint, die meist mit Gesprächigkeit, Geselligkeit sowie Durchsetzungskraft umschrieben wird. Auf andere zugehen können, in einer Gruppe zurecht kommen und sich auch abgrenzen und behaupten können, gehören hierher. Es handelt sich um die Fähigkeit, sich in die Position des anderen hineinzudenken und dessen Sichtweise und Einschätzung der Situation den eigenen Empfindungen gegenüber zu stellen.

Nur wer am eigenen Leib erfahren hat, dass seine Gefühlsäußerungen wahrgenommen, ernst genommen und beantwortet wurden, kann sich in andere Menschen hineindenken und auf ihr Befinden abgestimmt reagieren. Das ist eine Gefühlsmeisterleistung, die allein durch eine differenzierte emotionale Förderung ausgebildet werden kann. Eine sichere Bindung schafft eine gute Balance zwischen Nähe, die sicher werden lässt, und Autonomie, die Selbständigkeit möglich macht. Das Familien- und Gruppenklima prägt ein Kind, wie es auf die Welt zugeht: eher verhalten, mit einer ängstlich getönten Grundhaltung oder eher positiv, indem es Kontakt aufnimmt, sich orientiert und auch die Herausforderung mit anderen sucht. Eltern, Erzieher und Pädagogen müssen offen für kindliche Belange sein. Liebevolle Hingabe, gelöste Heiterkeit, Gespräche, in denen das Gegenüber ernst genommen wird, wie auch klare Absprachen gehören zu diesem Förderungskonzept.

5. Eine starke Persönlichkeit zeichnet sich durch ***Offenheit für neue Erfahrungen*** aus. Es sind glückliche Kinder, die Menschen, Situationen und Kenntnisse »sammeln« können. Neues schreckt sie nicht, sondern lockt. Diese Kompetenz wird hoch eingeschätzt. Hier bietet die Natur optimale Startvoraussetzungen. Auf der Basis einer sicheren Bindung kann angstfrei erkundet, gespielt und nachgeahmt werden. Der kindliche Sinneshunger braucht Nahrung, vor allem wenn Alltagsumgebungen selbst gemachte Erfahrungen und selbst gesteuerte Entdeckungen nur noch selten möglich machen. Echte Förderungsangebote lassen das Kind aktiv werden, mit den Händen, den Füßen und dem Kopf. Kinder sind wissbegierig, ausdauernd, anstrengungsbereit und hoch konzentriert, wenn sie eine Aufgabe zu ihrer Aufgabe gemacht haben. Sie genießen altersgemäße Herausforderungen. Sie profitieren von erweiterten Entscheidungsspielräumen, bei denen bewusst und begleitet alte Grenzen überschritten werden:

- im Beisein der Eltern oder anderer Bezugspersonen Öffentlichkeit schnuppern
- gruppenübergreifend spielen, arbeiten und feiern, um wählen zu können, mit wem man wann und wozu zusammen sein möchte
- sich als Klasse erleben, nicht als Konkurrenten, sondern als Spezialisten, die sich brauchen, die sich für ein Projekt entscheiden, es diskutieren, planen und durchführen, mit allem, was dazugehört: Pannen, Frustration und Erfolg
- durch Mitsprache und Mitgestalten seiner Erlebnisse feststellen, dass man ein Teil des ganzen Geschehens ist, auf Gegenwart und Zukunft Einfluss nimmt.

Es geht nicht darum, Kinder dank der richtigen Förderung durch Erwachsene immer klüger, beliebter und leistungsfähiger zu machen, sondern ihnen die Chance zu geben, selbst aktiv zu werden, ihre Fähigkeiten zu erleben, ihre Einzigartigkeit zu erkennen, eigene Stärke zu spüren und Wertschätzung zu erfahren.

Gesund und ohne Aggressionen selbstbewusst

Was können Eltern dafür tun?

von Prof. Dr. Klaus Hurrelmann, Professor für Sozial- und Gesundheitswissenschaften an der Universität Bielefeld und Direktor des Instituts für Bevölkerungsforschung und Sozialpolitik

Gesund und selbstbewusst – so sollen unsere Kinder sein. Nicht immer erfüllen sie diese Vorstellungen ihrer Eltern. Sie sind unruhig und hektisch, aggressiv und unkonzentriert, leben einfach in den Tag hinein und kümmern sich wenig um Körper und Gesundheit. In diesem Beitrag geht es zunächst um die Frage, warum manche Kinder heute so aggressiv und gewalttätig sind, danach um die körperliche und seelische Gesundheit von Kindern. Es werden Vorschläge gemacht, wie sich Eltern geschickt verhalten können.

Zu einer gesunden Entwicklung gehört auch ein gewisses Maß an Aggressionen. Sie gehören zur angeborenen menschlichen Grundausstattung. Sie fallen dann auf und stören, wenn sie in unkontrollierter, kulturell nicht integrierter und nicht zivilisierter Form auftreten. Durch immer strengere gesetzliche Regeln versuchen wir, sie zurückzudrängen. Das lässt sich deutlich am Verbot von »Körperstrafen« in Kindergärten und Schulen ablesen. Seit 2001 gibt es auch ein Verbot der körperlichen Züchtigung durch die Eltern.

Das Bild von der fürsorglichen und harmonischen Familie stimmt leider nicht immer. Studien zeigen, dass trotz verschärfter rechtlicher Vorgaben Formen eines gewaltsamen Umgangs nicht nur in den Medien, sondern auch in Kindergärten, Schulen, Betrieben, in Freizeitbereichen und auch in manchen Familien eher zunehmen: Neben körperlicher Gewalt fallen emotionale Ablehnung, seelisches Quälen, verbale Demütigung, soziale Vernachlässigung und sogar Gewalt mit sexistischen und rassistischen Komponenten auf.

Aggression und Gewalt

In der interdisziplinären Gewalt- und Aggressionsforschung wird heute zwischen verschiedenen Formen und Ausdrucksweisen von direkter Aggression unter Menschen unterschieden:

- physische Gewalt, die Schädigung und Verletzung eines anderen durch körperliche Kraft und Stärke
- psychische Gewalt, die Schädigung und Verletzung eines anderen durch Vorenthalten von Zuwendung und Vertrauen, durch seelisches Quälen und emotionales Erpressen
- verbale Gewalt, die Schädigung und Verletzung eines anderen durch beleidigende, erniedrigende und entwürdigende Worte
- sexuelle Gewalt, die Schädigung und Verletzung eines anderen durch erzwungene intime Körperkontakte oder andere sexuelle Handlungen, die dem Täter eine Befriedigung eigener Bedürfnisse ermöglichen.

Von diesen zwischenmenschlichen Formen der Gewalt sind zwei weitere Ausprägungen zu unterscheiden:

- strukturelle Gewalt als physische, psychische und verbale Form der Verletzung und Schädigung eines anderen unter Ausnutzung von Macht, Hierarchie und Abhängigkeit sowie in Ausübung hoheitsrechtlicher Funktionen
- Gewalt gegen Sachen.

Die verschiedenen Formen von Gewalt treten bei beiden Geschlechtern in unterschiedlicher Häufigkeit und mit unterschiedlichem Profil auf. Für Jungen und junge Männer ist die physische und sexuelle Gewalt charakteristisch, auch bei der strukturellen Gewalt und Gewalt gegen Sachen sind sie besonders häufig vertreten. Gewalt wird von Männern schon im Kindes- und Jugendalter als ein vorsätzliches, gezieltes Instrument zur Sicherung der sozialen Position und Macht eingesetzt. Insofern korrespondiert dieses Profil der Gewalt mit der traditionellen männlichen Sozialrolle, die Härte, Stärke und Selbstdisziplin verlangt. Viele junge Männer, gerade nach der Pubertät, greifen auf die »klassische Form«, die physische Gewalt, zurück, und in vielen Fällen entsteht der Eindruck, das sei ein ohnmächtiger Versuch zur Rettung der konventionellen Männerrolle.

Frauen hingegen sind in unserer Kultur eher durch Weichheit, Schwäche und soziale Empathie gekennzeichnet. Physische Gewalt und auch Gewalt gegen Sachen gehören nach allgemeinem Verständnis nicht in ihr Verhaltensrepertoire, obwohl sich auch hier in den letzten Jahren ein Wandel abzeichnet. In der Regel ist dies Ausdruck eines Versagens der Selbstkontrolle nach lange aufgestauter Wut. Verbreiteter bei Mädchen und Frauen sind allerdings die Formen der psychischen und verbalen Gewalt.

Untersuchungen zur Verbreitung von unakzeptabler Aggression und Gewalt bei Kindern und Jugendlichen zeigen, dass physische Gewalt heute bei bis zu 15 Prozent der Kinder und Jugendlichen auftritt, mit einem eindeutigen Höhepunkt um das 15. Lebensjahr herum. Psychische und verbale Gewalt in nicht akzeptabler Form werden bei etwa zehn Prozent der Kinder und Jugendlichen registriert. Alle Studien belegen ein Anwachsen der Häufigkeit dieser Gewaltformen in den letzten 20 Jahren, wobei allerdings zu bedenken ist, dass diese Vergleichsmessung methodisch außerordentlich schwierig ist und mit Vorsicht bewertet werden muss.

Gewalt in der Familie

Aggressive und gewalttätige Kinder werden nicht als solche geboren, sondern im Laufe ihrer Lebensgeschichte, ihrer Sozialisation, zu solchen gemacht. Ein Schlüssel zum Verständnis liegt im Familienbereich. Viele Familien »produzieren« psychische und nervlich gestörte, sozial oft irritierte und verwahrloste, teilweise auch vernachlässigte und misshandelte Kinder. Diese werden in Kindergarten, Hort und Schule aggressiv und gewalttätig, weil ihnen die Voraussetzungen für das Einhalten von sozialen Verhaltensregeln fehlen. Der Ausgangspunkt für Aggressivität ist also nicht der Hort oder die Schule, sondern es ist der familiäre und der soziale Kontext dieser Erziehungs- und Bildungseinrichtungen.

Viele Väter und Mütter sind durch die kompliziert gewordene Erziehungssituation in einer demokratischen Gesellschaft mit partnerschaftlichen Beziehungen zu den Kindern überfordert. Es gelingt ihnen nicht, die gewaltfreie Erziehung zu praktizieren, die ihnen eigentlich vorschwebt. Aktuelle Studien zeigen, dass immer noch 50 Prozent aller Väter und Mütter die Körperstrafe gegenüber Kindern anwenden, zehn Prozent sogar die berüchtigte »Tracht Prügel« praktizieren. Für die meisten Eltern gehört die Ausübung von Gewalt zum letzten Mittel, wenn sie die Selbstkontrolle und damit auch die Kontrolle über die Beziehungen zu ihren Kindern verloren haben.

In Familien kommt also ein gewisses Maß von Gewalt vor. Das ist ein schockierender Befund, wenn man bedenkt, wie sehr in unserem Kulturkreis gerade der Familie die Rolle des pflegenden und schützenden sozialen Raumes zugewiesen ist. Die Abgeschlossenheit der Familien von der sozialen Umwelt, auf die wir in unserem Kulturkreis so großen Wert legen, um die Familie als einen Ort des vollen gegenseitigen Vertrauens und der Verlässlichkeit zu sichern, ausgerechnet diese Abgeschlossenheit wird also zu dem entscheidenden sozialen Nährboden für elterliche Gewalthandlungen. Ohne die Abgeschirmtheit und die absolute Vertrautheit und Verschwiegenheit der Familienatmosphäre wären die Gewalthandlungen kaum denkbar, denn sie unterlägen stärker der öffentlichen Sichtbarkeit und Kontrolle.

Die wichtigsten Ausgangsbedingungen für körperliche, psychische und verbale Aggression gegen Kinder und Jugendliche, die in der Forschung nachgewiesen wurden, sind:

- langanhaltende Spannungen und Konflikte zwischen Eltern, besonders im Vorfeld von Trennung und Scheidung
- wirtschaftliche Krisensituation der Familie, insbesondere bei (Dauer-)Arbeitslosigkeit
- soziale Isolation der Familie in Verwandtschaft und Nachbarschaft
- desolate Wohnbedingungen
- ein nachbarschaftliches Umfeld mit vielen aggressiven Handlungen und Gewaltverbrechen
- von Eltern in ihrer eigenen Kindheit gemachte Misshandlungserfahrungen, die Persönlichkeitsstörungen hinterlassen haben.

»Risikofamilien« sind in erster Linie solche, bei denen mehrere dieser Faktoren zusammentreffen. Wenn die Situation eskaliert, kann dies schnell zu Gewalthandlungen der Eltern gegen das eigene Kind führen.

Gewalt in Schule und Freizeit

Auch in Schule und Freizeit sind Kinder sowohl Opfer als auch Täter, wenn es um Aggression und Gewalt geht. Kinder werden dann zum Opfer von Hochleistungsansprüchen im schulischen Bereich, wenn Eltern überaus hohe Erwartungen an den Schulabschluss ihrer Kinder haben. Bekanntlich wünschen sich fast 60 Prozent der Eltern von Schulkindern Abitur für ihre Kinder. Diese Orientierung ist von den Kindern und Jugendlichen voll verinnerlicht.

Hieraus kann sich eine »strukturelle« Gewalt ergeben, die aus überzogenen Erwartungen an das eigene Können resultiert. Die Anforderungen in Schule und Beruf sind sehr hoch und überfordern viele Kinder und Jugendliche, worauf einige je nach Temperament und Umfeld auch mit Aggression reagieren können. Bertolt Brecht hat in einem Gedicht auf diese Phänomene der strukturellen Gewalt hingewiesen: »Der reißende Fluss wird gewalttätig genannt. Aber das Flussbett, das ihn einengt, nennt keiner gewalttätig.«

Es sind nicht nur die hohen Anforderungen an Disziplin und Leistung, sondern auch an Disziplinierung der Sinne und Ausdrucksformen, die Kinder irritieren. Die heutigen Kindergärten, vor allem aber die Schulen und Berufsausbildungseinrichtungen sind vielfach durch einseitige Anforderungen an Intelligenz und Kognition gekennzeichnet. Die Leistungsanforderungen verlangen eine Sitzhaltung, meist Passivität; emotionale und handwerkliche Eindrücke und Impulse fehlen. Entsprechend kommt es zu erheblichen inneren Spannungszuständen – auch durch mangelnde Bewegung – die von vielen Kindern und Jugendlichen durch Aggressivität nach außen und innen verarbeitet werden.

Soziale und gesellschaftliche Auslöser von Gewalt

Neben den bereits dargestellten Ursachen sind sozialstrukturelle, in der Gesamtgesellschaft verankerte Faktoren für das hohe Ausmaß von Gewalt im Kindes- und Jugendalter verantwortlich. Hierzu gehören eine ungünstige ökologische und ökonomische Lebenslage ebenso wie als ungerecht und aussichtslos empfundene Chancenstrukturen. Man denke hier an Gebiete mit strukturell hoher Arbeitslosigkeit. Ein weiterer Faktor ist eine mangelnde soziale Integration.

Es lassen sich also viele gesellschaftliche und soziale Auslöser für Gewalt aufdecken. Sie sind mit pädagogischen, psychologischen, polizeilichen und justiziellen Mitteln kaum zu verändern. Ein noch so guter präventiver Ansatz in Kindergarten, Schule oder Polizeiarbeit kann diese mächtigen gesellschaftlichen Antriebskräfte für Aggression und Gewalt nicht beeinflussen. Vielmehr liegen die Ansatzpunkte der Vorbeugung in der Gesellschafts- und Arbeitsmarktpolitik. Daneben spielen persönliche und psychologische Faktoren eine Rolle:

- Es sind die besonders labilen und leicht zu enttäuschenden Kinder und Jugendlichen, meist auch die mit einer geringen Selbstkontrolle und einem geringen Selbstbewusstsein, die unter den aggressiven überwiegen. Deswegen müssen sich auch alle vorbeugenden Handlungsstrategien in diesem Bereich um eine Stärkung der Persönlichkeit dieser Kinder und Jugendlichen kümmern. Es geht darum, die sozialen und die Leistungskompetenzen zu stabilisieren, so dass sich die jungen Menschen den täglichen Lebensanforderungen gewachsen fühlen.

- Kinder und Jugendliche müssen ebenso wie Erwachsene das Gefühl haben, dass sie ihren täglichen Lebensanforderungen gewachsen sind und sie auch beeinflussen können. Sie wollen Spuren hinterlassen und bei der Suche nach ihrer eigenen Identität auch Resonanz finden. Deshalb spielt die Förderung ihres Selbstvertrauens und ihrer sozialen Kompetenzen eine so große Rolle. Zugleich gehört zu den vorbeugenden Maßnahmen natürlich auch der Kinder- und Jugendschutz, also der Versuch, junge Menschen vor ungebührlichen Belastungen und nicht zu bewältigenden Handlungsherausforderungen und Gefährdungen abzuschirmen.

Entwicklungsbedürfnisse und Gesundheitsprobleme von Kindern und Jugendlichen

Aggression und Gewalt sind nur eine, wenn auch sehr wichtige Problematik in einer gesunden Entwicklung von Kindern. Beide stehen in enger Verbindung mit der allgemeinen sozialen, psychischen und körperlichen Anspannung der jungen Generation. Wie steht es heute um die Gesundheits- und Krankheitsbilanz in dieser Lebensphase? Darauf soll jetzt eingegangen werden.

Wie verschiedene Studien zeigen, sind bei Kindern im ersten Lebensjahrzehnt die akuten Infektionskrankheiten, die so genannten »Kinderkrankheiten« weitgehend unter Kontrolle. Problematischer sind die chronischen, oft lebenslang beeinträchtigenden Krankheiten. Dazu gehören Herz-Kreislauf- und Krebserkrankungen, die allerdings im Unterschied zu Erwachsenen eher selten sind. Schon deutlich stärker verbreitet sind Stoffwechselstörungen, wie Diabetes, neuronale Erkrankungen, hier besonders die Epilepsie, rheumatische Erkrankungen sowie Erkrankungen des Bewegungsapparates und des Binde- und Stützgewebes. Es besteht insgesamt bei diesen körperlichen Erkrankungen kein Grund zur Unruhe, aber die weitere Entwicklung ist aufmerksam zu beobachten. Wirkliche Sorge bereiten hingegen die psycho- und soziosomatischen Störungen, die seit Anfang der 80er Jahre immer stärker um sich greifen.

Psycho- und soziosomatische Gesundheitsstörungen

Psycho- und soziosomatische Störungen ergeben sich aus einem mangelnden Gleichgewicht der Systeme von Körper, Psyche und Umwelt. Sind sie nicht im Einklang miteinander, kommt es zu Fehlsteuerungen in jedem Einzelbereich und in der Gesamtkoordination dieser Systeme. Die wesentlichen Störungen lassen sich wie folgt beschreiben:

1. ***Fehlsteuerung des Immunsystems.*** Immer mehr Kinder leiden an Allergien. Besonders häufig treten Asthma und Neurodermitis auf. Ein mangelhaft trainiertes Immunsystem zur Abwehr von Infektionskrankheiten spielt hierfür eine zentrale Rolle. Weiterhin dürften auch die Umweltbelastungen und die Ernährung zu den Fehlleistungen des Immunsystems führen. Durch Laufen, Springen, Toben erschließen und erobern sich Kinder die Umwelt, so wie sie nun einmal beschaffen ist, und stellen sich auf sie ein. Schirmen wir unsere Kinder davor ab, dann kann dies auch zur Schwächung des Immunsystems führen.

2. ***Störungen der Nahrungsaufnahme und des Ernährungsverhaltens.*** Unter den vielfältigen Angeboten sind die vorgefertigten, leicht verdaulichen, preiswerten, aber zugleich kalorienhaltigen, industriell zubereiteten Produkte auf dem Vormarsch. Diese Produkte sind zu fett, zu süß, zu salzig und enthalten ein zu geringes Angebot an verdauungsfördernden Faser- und Ballaststoffen. Durch den Überschuss an Kalorien bei gleichzeitig verbreiteter Bewegungsarmut kommt es zu Übergewicht und zur Überlastung des Haltungsapparates.

3. ***Fehlsteuerung der Sinneskoordination.*** Durch die heute vorherrschende sitzende Beschäftigung in Schule, Ausbildung und auch Freizeit werden Hör- und Sehsinn einseitig stimuliert. Riechen, Fühlen, Atmen und Sprechen verarmen dadurch immer mehr. Mit dieser unausgewogenen »Sinneskost« wird die entwicklungsfördernde Anregung aller Sinneszentren vernachlässigt. Hier liegen wichtige Gründe für Koordinationsprobleme, Unsicherheiten und Ungeschicklichkeiten bei Kindern und Jugendlichen.

4. ***Unzureichende Bewältigung von psychischen Beanspruchungen und sozialen Anforderungen.*** Kinder und Jugendliche haben es nicht gelernt, mit seelischen Konflikten im familiären und gleichaltrigen Umfeld umzugehen. Sie reagieren entweder introvertiert oder extravertiert. Psychische und psychosomatische Störungen wie Nervosität und Unruhe, Kopf- und Magenschmerzen, Rückenschmerzen, Verdauungsstörungen, aber auch depressive Störungen nehmen zu. Treten diese Reaktionsformen etwas stärker bei den Mädchen auf, so sind bei den Jungen die nach außen gerichteten Störungen vorherrschend: Hyperaktivität, Gereiztheit und auch die schon erwähnten Aggressionen bis hin zu schweren Formen von körperlicher Gewalttätigkeit.

5. ***Konsum psychoaktiver Substanzen.*** Dieses Bewältigungsverhalten durch den Konsum von psychoaktiven Substanzen, etwa schmerzstillenden Arzneimitteln oder Tabak und Alkohol ist bei beiden Geschlechtern etwa gleich stark vertreten. Damit verweigern sich Kinder, das eigentliche Problem zu bearbeiten. Kinder reagieren auf Konflikte in ihrem sozialen Umfeld, auf mangelnde Möglichkeiten der Durchsetzung der eigenen Wünsche, Motive und Bedürfnisse fast genauso wie Erwachsene. Sie laden ihre Frustration, ihre Spannung und ihren »Stress« entweder bei anderen ab, die sie attackieren, oder sie fressen diese Belastungen in sich hinein und schädigen damit Körper und Seele.

Für die Erklärung der Gesundheitsstörungen bei Kindern und Jugendlichen sind folgende Gesichtspunkte von Bedeutung:

- Chronische Krankheiten entstehen durch das Zusammenspiel von Erbinformationen, meist durch Lebensweise und Umwelt.
- Der Anteil von milieu-, umwelt- und verhaltensbedingten Komponenten im Bereich der psychischen und psychosomatischen Störungen ist auffallend hoch. Dies wird in einem aggressiven und gewalttätigen Verhalten, beim Konsum von Genuss- und Rauschmitteln, bei Fehl- und Überernährung, Bewegungsarmut und mangelnder Hygiene augenscheinlich. »Riskantes Verhalten« ist oft auch der Versuch einer Belastungsbewältigung.
- Auch Umweltbelastungen beeinflussen den Gesundheitszustand. Durch die Belastung von Wasser, Boden, Luft und Nahrungsmitteln sowie durch Lärmbelastung sind die natürlichen Lebensbedingungen von Kindern und Jugendlichen teilweise erheblich beeinträchtigt.

Ungeschicktes und inkompetentes Erziehungsverhalten der Eltern entsteht vor allem aufgrund einer zunehmenden Überforderung der Familienmitglieder. Jegliche Maßnahmen, die hier ansetzen, bewirken nicht nur einen Abbau von Aggression und Gewalt, sondern können auch andere Formen des Leidens und der Belastung verhindern helfen.

Vorbeugende Strategien gegen Gewalt und Gesundheitsstörungen
Eine entwicklungsbezogene Ursachenanalyse muss die Voraussetzung für jeden Ansatz von Vorbeugungsprogrammen sein: Genauso wie sich im Verlaufe der Entwicklung ein Schritt-für-Schritt-Prozess in Richtung von Gewalt und Auffälligkeit abzeichnen kann, weil die persönlichen und die Umweltvoraussetzungen ungünstig sind, kann es auch bei jedem Schritt eine Umkehr geben. Ebenso wie Gewalt und Auffälligkeit als erlerntes Verhalten durch Umweltreaktionen stabilisiert wird, kann es auch verlernt werden, können Nicht-Gewalthandlungen, gewaltfreie Aktionen oder ein Leben ohne Süchte durch die Umwelt gestützt und stabilisiert werden.

Ein zentrales Einflussfeld ist die Familie. Eltern müssen heute, wenn sie den Bedarf dafür sehen, gerade auch in sozialer Hinsicht und bei Fragen der Erziehung auf Unterstützung zurückgreifen können. Neben der wirtschaftlichen und steuerlichen Förderung der Familie mit Kindern sollten Angebote der Beratung stehen. Familienberatung und -hilfe sind deshalb unbedingt weiter auszubauen. Vielfach werden schon »Elterntrainings« angeboten, die sich an einem »magischen Erziehungsdreieck« orientieren:

Das magische Erziehungsdreieck besteht aus den Polen Anerkennung, Anregung und Anleitung.

Die Anforderungen an Väter und Mütter, die in Elternseminaren vermittelt werden sollten, lassen sich anschaulich mit diesem »magischen Erziehungsdreieck« beschreiben:

Anerkennung ist wichtig, um ein Kind zu unterstützen. Ein Zuwenig oder Zuviel kann Kinder emotional und sozial irritieren und direkt und indirekt auch zu Aggression und Gesundheitsstörungen führen.

Dasselbe gilt für die ***Anregung,*** wobei heute in einer immer noch angespannten Arbeitsmarktsituation vor allem eine Über-Anforderung bei den schulischen Abschlüssen zu beobachten ist, die viele Kinder und Jugendliche hektisch und irritiert werden lässt. Hier können Einfallstore für Aggressivität und Gewalt, aber auch für Hyperaktivität und falsche Ernährung liegen.

Am kompliziertesten ist aber der Pol der ***Anleitung,*** also das Aushandeln und Festlegen von Regeln und Verkehrsformen in der Familie und das Praktizieren von Sanktionen bei der Verletzung dieser Regeln. Hier tun sich die meisten Mütter und Väter heute schwer und versuchen, sich mit einem Verzicht auf klare Regeln und Sanktionen vor einem autoritären Verhalten zu schützen. Die Folge ist häufig, dass Kinder keine festen Vereinbarungen, Normen und Regeln kennen gelernt haben und in dieser Verunsicherung mit Aggressivität oder auch psychischer Verunsicherung und Suchtverhalten als Such- und Tastverhalten reagieren.

Aggressivität und Gesundheitsstörungen sind also meist eine Begleiterscheinung von verunsicherten Beziehungen mit einem unausgewogenen Realisieren der drei Pole im magischen Erziehungsdreieck.

Was ist darüber hinaus mit Blick auf Schule, Freizeit und Mediennutzung zu tun?

- Der Schlüssel für die Persönlichkeits- und Leistungsstärkung in der Schule liegt in einer wirkungsvollen Leistungsförderung, denn Versagenserfahrungen von Schülern stellen eine der Hauptursachen für Aggression und Gesundheitsprobleme dar. Daneben sind die sozialen Umgangsregeln und die Strategien der Konfliktbewältigung zu stärken, auch durch Schlichterprogramme. Wichtig sind auch direkte Beratungsangebote durch Ärzte, Psychologen und Sozialpädagogen in Kindergärten und Schulen.
- Im Sport- und Freizeitbereich geht es darum, Kindern möglichst viele authentische Erlebnismöglichkeiten anzubieten. Gerade im Sport leben Kinder angeborene Aggressionen gesund aus. Auch im Kunst-, Literatur- und Theaterbereich kann ein lebendiges Ausagieren gefördert werden.
- Medien kommt heute bei der Darstellung von fiktiver und realer Gewalt eine große Bedeutung zu. Für Kinder zählen die Medien zu den elementaren und prägenden Bestandteilen des täglichen Lebens, vielfach sind sie Miterzieher im wahrsten Sinne des Wortes geworden. Das gilt für ihre Vorstellungen von einem gesunden Leben und »modischem« Verhalten bei Ernährung, Alkohol und Drogen sowie Bewegung. Hier die richtige Bedeutung der Medien zu vermitteln, ist Aufgabe von Eltern, Lehrern und Erziehern.

Zweifellos kommt aber den Eltern hierbei eine Schlüsselrolle zu. Deshalb sollten sie viel stärker als heute finanziell, durch öffentliche Erziehungs- und Bildungseinrichtungen und auch durch Erziehungs- und Gesundheitsberatung in ihrer verantwortungsvollen Aufgabe gestärkt und unterstützt werden.

Wir sind eine Familie

All you need is love...

Kerstin Weidner aus Senftenberg bei Cottbus, Mutter eines 16-jährigen Sohnes und einer 19-jährigen Tochter: *Ich finde, Knuddeln ist sehr wichtig für ein Kind. Auch sogenannte Tobestunden, wo jeder mal kampeln kann. Es ist auch wichtig, über die Familiensituation ehrlich mit den Kindern umzugehen (...), dem Kind zu zeigen, wenn man weint, wie auch, wenn man glücklich ist. Man sollte sich auch ruhig »richtig« streiten. Denn es ist sinnvoll, sich mal die Meinung zu sagen, aber auch gemeinsam an einer Lösung zu arbeiten. Denn nur heile Welt gibt es nirgendwo.*

Liebe macht Kinder stark. Sie ist das Wichtigste, was Eltern ihnen geben können. Kinder, die von Geburt an darauf bauen können, bedingungslos geliebt und akzeptiert zu werden, fühlen sich in ihrer Familie sicher und geborgen. Mit diesem Schutzwall im Rücken können sie selbstbewusst auf die Welt und andere Menschen zugehen. Eltern sollten ihr Kind spüren lassen, dass sie es lieben, dass es für sie das Wichtigste auf der Welt ist. Und sie sollten ihre Liebe niemals an Bedingungen knüpfen. Auch wenn ihr Kind gerade »den größten Mist« gebaut hat: Es muss sich auf die Beständigkeit ihrer Liebe verlassen können.

Das heißt nicht, dass Eltern nicht auch tadeln und falsches Verhalten bestrafen dürfen. Doch sie sollten ihr Kind genau so akzeptieren, wie es ist. Eltern machen sich am besten auch seine Schwächen klar. Die müssen ja nicht hingenommen werden. Auch über seine Fehler kann man mit einem Kind reden und gemeinsam daran arbeiten. Doch wichtiger ist es, seine Stärken zu betonen. Eltern sollten ihrem Kind immer wieder zeigen, wie stolz sie auf es sind.

Kinder brauchen Zärtlichkeit

Babys, die nicht ausgiebig geküsst und gestreichelt werden, bleiben dramatisch in ihrer gesamten Entwicklung zurück. Zärtlichkeit, Schmusen und Umarmungen der Eltern dagegen zeigen ihrem Kind, wie lieb sie es haben. Streicheln fördert das Zusammengehörigkeitsgefühl, vermittelt Nähe und Wärme. Wissenschaftlichen Untersuchungen zufolge wird dadurch ein Hormon ausgeschüttet, das für tragfähige soziale Bindungen zuständig ist. Zärtlichkeiten können auch aufbauen. Wenn das Kind mutlos vor unlösbaren Matheaufgaben sitzt, streichen die Eltern ihm am besten einfach über den Kopf. Das kann mehr Mut machen, es noch einmal zu versuchen, als der beste Ratschlag. Kinder lieben Schmusestunden an verregneten Nachmittagen oder einen Sonntagmorgen mit der ganzen Familie im Bett. Auch wenn die Eltern eigentlich jede Menge zu erledigen haben, sollten sie sich unbedingt ab und zu die Zeit dafür nehmen.

Kinder brauchen Zeit

Kinder wollen vor allem eines: Zeit mit Mama und Papa! Auch in stressigen Wochen sollten Eltern täglich ein wenig Zeit einplanen, die sie ihrem Kind ganz alleine widmen: Interesse an seinen Erlebnissen, Gedanken und Gefühlen zeigen; über seine Witze und Geschichten lachen oder seine Turnkünste bewundern; gemeinsam spielen, träumen, toben und entspannen. Das Kind fühlt sich so von ihnen ernst und wichtig genommen.

Eine tolle Gelegenheit zum Reden ist das gemeinsame Abendessen, bei dem jeder berichten kann, was ihm der Tag gebracht hat. Eltern sollten mit ihrem Kind über seine Gefühle und Probleme sprechen und gemeinsam beratschlagen, wie es diese am besten angehen kann. Das Kind erlebt sich so als einen wichtigen Teil einer Gemeinschaft, in der Probleme miteinander besprochen und gelöst werden.

Auf Eltern muss man sich verlassen können

Regeln und berechenbares Verhalten geben Kindern Sicherheit und bauen Vertrauen auf. Wenn Eltern etwas versprechen, sollten sie es einhalten. Wenn sie ein Verhalten heute belächeln, sollten sie es morgen nicht bestrafen. Das kann manchmal ganz schön anstrengend sein, aber es ist besser, nicht den augenscheinlich leichteren Weg zu gehen.

Das heißt nicht, dass Eltern niemals Fehler machen oder ihre Meinung ändern dürfen. Doch sollten sie Ihren Sinneswandel begründen oder Irrtümer zugeben. Wenn etwas eintritt, das sie an der Einhaltung eines Versprechens hindert, sollten sie es ihrem Kind erklären. Dadurch werden sie nicht unglaubwürdig. Durch einen scheinbar unbegründeten Sinneswandel allerdings schon.

Kinder sind eigene Persönlichkeiten

Viele Eltern, die nur das Beste für ihren Nachwuchs wollen, übertragen die eigenen Träume auf ihre Kinder. Doch jedes Kind ist eine kleine Persönlichkeit mit eigenen Wünschen und Zielen. Wenn ein Kind in eine Richtung gedrängt wird, die nicht zu ihm passt, sind Selbstzweifel vorprogrammiert. Eltern lassen ihr Kind am besten seine eigenen Träume entwickeln und helfen ihm bei der Verwirklichung.

Ich hab dich lieb!

Knusperspiel

Sagen Sie gemeinsam mit Ihrem Kind folgenden Spruch:

Knusper, knusper, knäuschen –
wer knabbert an meinem Häuschen?
Knusper, knusper, knase –
wer knabbert an meiner Nase?
Knusper, knusper, knauch –
wer knabbert an meinem... Bauch?
Knusper, knusper, kninger –
wer knabbert an meinem... Finger?

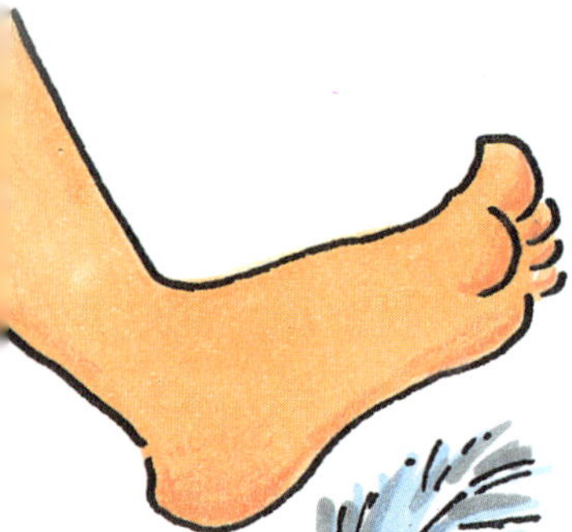

Küssen oder knabbern Sie an dem jeweiligen Körperteil. Wenn Ihr Kind das Spiel kennt, wird es großen Spaß daran haben, die Reime zu erraten oder neue zu erdichten.

Kitzelspiele

Leichtes Kitzeln ist eine schöne Form der Zärtlichkeit. Kitzeln Sie ihr Kind an den Handtellern, unter den Füßen oder am Bauch. Finden Sie gegenseitig heraus, wo seine und Ihre kitzligsten Stellen liegen. Sie können auch gegenseitig ganze »Landkarten« Ihrer Körper erstellen: Wer ist wo am kitzligsten? Sehr schön kitzelt es auch, wenn man sich gegenseitig mit einer Feder oder einem Grashalm über den Nacken streicht. Oder spielen Sie »Kitzelmonster«: Zwei riesige Kitzelmonster sitzen sich gegenüber und versuchen abwechselnd, das andere so zu kitzeln, dass es lachen muss. Wer das andere Kitzelmonster zuerst zum Kichern gebracht hat, bekommt einen Punkt. Hat das gekitzelte Kind eine Minute ohne Lachen durchgehalten, darf es jetzt versuchen, das andere Kitzelmonster aus der Fassung zu bringen. Gut zu wissen, wo der andere seine »Schwachstellen« hat!

Kuss-Spiele

Spielen Sie mit Ihrem Kind auf dem Schoß folgende Verse:

Geht ein Mann die Treppe rauf,	Finger wandern den Arm hoch
klingelingeling,	am Ohr zupfen
klopft an,	auf Stirn klopfen
küss die Hand, Frau Nasenmann!	Kuss auf die Nase
oder	
küss die Hand Frau Augenmann!	

Genauso können Frau Ohrmann, Wangenmann oder Stirnmann eingesetzt werden. Lassen Sie Ihr Kind auf die Stelle tippen, wo es geküsst werden möchte.

Dicke Bären tanzen gern

Ihr Kind stellt sich auf Ihre Füße. Nun können Sie zu Ihrem Lieblingssong gemeinsam beschwingt durch die Wohnung tanzen. Oder auch einen Wettbewerb mit anderen Tanzbär-Paaren veranstalten: Wem gelingen die waghalsigsten Tanzschritte, ohne dass der kleine Bär von den Füßen des großen rutscht? Der Bärenschritt klappt auch im Freien: Dazu stellt sich der kleine Bär rücklings auf die Füße des großen. Der hält ihn gut fest und los geht's mit Riesen-Bären-Schritten.

Sieben Sommersprossen

Kuscheln Sie sich mit Ihrem Kind gemütlich in einen Sessel oder auf ein Sofa. Nun betrachten Sie sein Gesicht ganz genau und erzählen ihm, was Sie sehen: »Auf der Nase hast du eine ganz kleine Sommersprosse. Die ist so niedlich. Dein neuer Zahn ist schon ein kleines bisschen weiter rausgekommen. Und du hast so schöne, freche Öhrchen.« Lassen Sie dann Ihr Kind erzählen, was es sieht, wenn es Ihr Gesicht betrachtet.

Tipp von Elvira Schröder aus Neuerburg in Rheinland-Pfalz: *Positive Verstärker einsetzen, kleine Zettel neben den Frühstücksteller legen mit kurzen Sätzen: »Ich bin stolz auf dich, wie gut, dass es dich gibt etc.« Das erste Mal schauten meine Kinder mich an, als würden sie an meinem Verstand zweifeln. Aber das legt sich, wenn man sagt, dass man es genauso meint wie man es schreibt.*

Kleine Liebesbeweise

Wenn Ihr Kind nicht so gut drauf ist oder vielleicht einen harten Tag in der Schule vor sich hat, können Sie ihm mit kleinen, überraschenden Liebesbeweisen zeigen, dass Sie an es denken. So findet es in seinem Mäppchen vielleicht einen kleinen Brief von Ihnen oder einen Schokoladen-Glückskäfer. Oder Sie überraschen es beim Anziehen mit drei kleinen Gummibären, die es sich in seiner Hosentasche bequem gemacht haben.

Du bist so super!

Erzählen Sie Ihrem Kind möglichst oft, was es alles kann, wie toll es ist und wie stolz Sie auf es sind. Dabei sollten Sie Ihr Lob aber auf keinen Fall mit Aufforderungen verbinden, die Ihr Kind unter Druck setzen. Also: »Du hast der Klara in der Schule heute bei den Matheaufgaben geholfen. Ich finde es toll, dass du so lieb bist!«, aber nicht: »Du musst immer lieb zu anderen sein!«.

Familie macht stark!

Familien-Galerie

Die geliebte Familie kann für Kinder nicht groß genug sein. Malen Sie gemeinsam mit Ihrem Kind Bilder aller Familienangehörigen, die ihm wichtig sind – auch weiter entfernt wohnende, lange nicht mehr gesehene oder verstorbene Verwandte. Hängen Sie die Fotos der Familienmitglieder neben das Bett und sprechen Sie abends vor dem Einschlafen über diese Menschen. Ihr Kind wird sich als Teil einer großen Familie geborgen und geliebt fühlen. Erzählen Sie ihm, wie Tante oder Oma sich über seine Geburt gefreut haben und es gar nicht erwarten konnten. Sie können auch einen Familienstammbaum malen und mit Fotos dekorieren. Schauen Sie alte Alben an. Erzählen Sie Ihrem Kind von seinen Großeltern und ihrem Leben. Besonders interessant für Kinder sind Ihre Erzählungen aus der eigenen Kindheit.

Der Familien-Kanon

Suchen Sie sich einen fröhlichen Kanon aus, den Sie gemeinsam mit allen Familienmitgliedern singen. Bekannt ist:

Froh zu sein, bedarf es wenig.
Doch wer froh ist, ist ein König!

Je nach Anzahl der Familienmitglieder singt jeder eine Stimme oder mehrere zusammen singen eine Stimme. Es kommt nicht darauf an, wie schön Sie singen. Wichtig ist, dass alle mitmachen. Sie können Ihren Familienkanon zu einem festen Ritual machen, den Sie jeden Morgen, zum Mut machen, vielleicht bei Autofahrten singen. Oder dichten Sie gemeinsam zu einer bekannten Melodie Ihren ganz eigenen Kanon – eine Gemeinschaftsproduktion Ihrer Familie!

Das Großwerden feiern

Kinder sind stolz, wenn die ganze Familie Anteil an ihrer Entwicklung nimmt. An einer Wand im Kinderzimmer oder an einer eigens dafür angebrachten Messlatte können Sie regelmäßig die Größe Ihres Kindes markieren und mit einem Datum versehen. Legen Sie vorher kleine Feiern fest: Beim Ein-Meter-Fest mit Kuchen und Freunden wird Ihr Kind vor Stolz platzen. Jedes Kind bekommt natürlich seine eigene Messlatte.

Auch der erste wackelnde Zahn ist ein Ereignis, an dem die ganze Familie Anteil nimmt. Beginnt er zu wackeln, planen Sie ein kleines Zahnfest für den Tag, an dem er ausfällt. Als Glücksbringer bekommt der Zahn natürlich in einer schön gestalteten Streichholzschachtel einen Ehrenplatz!

Familiengeheimnisse
Kinder lieben Geheimnisse. Wie wär's mit kleinen Familiengeheimnissen, die niemand sonst erfahren darf? Sie können sich untereinander Geheimnamen geben, die in Gegenwart anderer nicht ausgesprochen werden dürfen oder eine Familien-Zeichensprache entwickeln. Eine bestimmte Kaffeekanne im Geschirrschrank kann als geheimer Postkasten auserkoren werden, über den die Familienmitglieder sich geheime Botschaften zukommen lassen können.

Wie du mir, so ich dir
In jeder Familie gelten Regeln, die das Miteinander der Familienmitglieder bestimmen. Dabei haben auch Ihre Kinder Rechte, die Sie akzeptieren sollten. Wenn Sie als Mutter nicht möchten, dass Ihre Tochter an Mutters Kleiderschrank geht, sollten Sie auch deren Schubladen nicht kontrollieren. Wenn Sie als Vater zum Arbeiten Ruhe brauchen, sollten Sie auch die Tobezeiten Ihrer Kinder akzeptieren. Jeder Mensch, auch der kleinste, braucht seine Rückzugsmöglichkeit, und der Wunsch nach »Mal-in-Ruhe-gelassen-werden« muss in der Familie respektiert werden.

Verbote begründen
Sobald Ihr Kind es schon verstehen kann, erklären Sie ihm die Motive Ihres Handelns. Wenn Sie ein Verbot aussprechen, begründen Sie es. Wenn Ihr Sprössling nicht versteht, warum Sie etwas möchten oder nicht möchten, kann es ein Verbot nur als unnötige Fessel empfinden. Wenn Sie ihm zeigen, wie zeitaufwändig es ist, das Badezimmer zu säubern, wird es sich bei Wasserspielen eher zusammenreißen. Ganz besonders dann, wenn es bei anschließenden Reinigungsaktionen mitmachen muss und diese Zeit von der gemeinsamen Spielzeit abgeht.

Familie Leuthold aus Waldenburg in Sachsen findet es wichtig, *Achtung voreinander zu haben – freundlicher Umgangston, gegenseitige Hilfestellung bei der Erledigung von Aufgaben, die jeder ganz konkret nach Fähigkeiten und Möglichkeit bekommt. Außerdem ist uns wichtig, dass jeder seine persönlichen Bereiche hat, in die er sich zurückziehen darf und ein anderer nur auf Anfrage reindarf – Achtung vor persönlichen Dingen. Und dass wir alle nach dem Leitsatz handeln: »So wie ich behandelt werden möchte, behandle ich auch den anderen.«(...) Bei Streitigkeiten berufen wir den Familienrat ein (alle) und diskutieren den Fall möglichst sachlich wie bei einem Gericht mit Sachverhalt, Zeugenaussagen, Verurteilung aus.*

Familienspiele

Gemeinsam Unsinn machen

Mit den Eltern gemeinsam zu toben, macht allen Kindern Spaß. Veranstalten Sie im Schlafzimmer eine Familien-Kissenschlacht, für die Sie alle verfügbaren Kissen zusammensuchen. Bringen Sie nur vorher alle zerbrechlichen Gegenstände in Sicherheit! Oder veranstalten Sie Krabbelwettbewerbe quer durch die ganze Wohnung und Ringkämpfe auf dem Teppichboden. Besonders beliebt sind Wasserschlachten, die Sie natürlich am besten draußen veranstalten. Sie können Luftballons mit Wasser füllen und als Wurfmaterial vorbereiten oder jedes Familienmitglied mit einem Becher und einem Eimer Wasser ausrüsten. Springen Sie gemeinsam in Pfützen und veranstalten Sie Schneeballschlachten. Diese unbeschwerten Tobespiele mit den Eltern werden Ihre Kinder nie vergessen.

Familien-Picknick

Mit einem Picknick im Garten oder draußen im Grünen können Sie Ihrem Kind eine große Freude machen. Lassen Sie es beim Picknickkorb-Packen helfen und den Platz aussuchen, an dem Sie sich niederlassen. Ihr Kind darf auch seine Wünsche für das Nachmittagsprogramm äußern. Wenn es gerne baden möchte, ist ein Picknick am See angesagt. Für ein Familien-Fußballspiel sollte eine ebene Wiese in der Nähe sein. Ein großer Spaß für Kinder ist das Zelten im Garten. Sie können ein richtig zünftiges Grillfest mit Fackeln veranstalten und alle gemeinsam im Zelt schlafen. Vielleicht auch gleich eine gute Gelegenheit, die neuen Schlafsäcke für den Campingurlaub auszuprobieren.

Familien-Verwöhntag

Bestimmen Sie einen Nachmittag, an dem die ganze Familie die Seele baumeln lassen kann. Zünden Sie Kerzen und Duftlampen an. Hören Sie entspannende Musik. Nehmen Sie gemeinsam ein Bad, trocknen Sie sich gegenseitig ab und cremen Sie sich ein. Am besten bleiben Sie den ganzen Tag im Bademantel, kuscheln sich zusammen, hören Kassetten oder erzählen sich gegenseitig Geschichten.

Modenschau

Lassen Sie Ihr Kind Modedesigner spielen: Es hat Zugang zu allen Kleiderschränken und bekommt freie Hand bei der Auswahl der Frisuren- und Make-up-Trends. Vater, Mutter, Oma oder Tante sind die Models. Sie müssen nach der neuesten Mode bekleidet, frisiert und geschminkt werden. Oder geht es vor allem darum, so lustig wie möglich auszusehen? Die Erwachsenen können auch die Jury spielen, die die Modekreationen ihrer Sprösslinge und deren Freunde begutachtet.

Witze-Wettbewerb

Lachen Sie so viel wie möglich gemeinsam! Veranstalten Sie einen Witze-Wettbewerb. Jedes Familienmitglied kann sich darauf vorbereiten: Witze aufschreiben, seine Freunde nach ihren besten Witzen befragen oder gespielte Witze aus dem Fernsehen nachahmen. Imitieren lassen sich auch typische Bewegungen und Verhaltensweisen bekannter Stars. Hauptsache, alle lachen sich gemeinsam schlapp.

Familienlotto

Kleben Sie Fotos von allen Familienmitgliedern, auch von Großeltern, Tanten und Kusinen auf Pappe und legen Sie sie auf den Boden. Der erste Spieler nennt nun eine Eigenschaft oder ein typisches Merkmal einer dieser Personen. Am besten beginnt er mit etwas Allgemeinem. Die anderen müssen nun herausfinden, wer gemeint ist. Wer die Person zuerst errät, kann das Bild nehmen und erhält eine bestimmte Punktzahl. Je weniger Hinweise der erste Spieler geben muss, desto größer ist die Punktzahl, die es für ein erratenes Bild gibt.

Familientagebuch

Legen Sie ein Tagebuch der Familie an, in dem alle Ereignisse notiert werden. Gemeinsame Feste und Ausflüge finden dort ihren Platz. Auch Erfolge oder Missgeschicke der einzelnen Familienmitglieder werden aufgenommen: Sie sind befördert worden und freuen sich sehr; Ihr Junior hat im Endspiel des Fußballpokals leider kein Tor geschossen und will jetzt noch mehr trainieren. Vermerken Sie Pläne, die Sie für Familienaktivitäten machen und auch Meinungsverschiedenheiten und Familienstreits. So können Sie immer wieder zurück blättern und sich gemeinsam erinnern. Festhalten lassen sich so auch von allen unterschriebene Vereinbarungen über die Aufteilung der Hausarbeit. Gestalten Sie das Tagebuch mit Fotos, Eintrittskarten und Haarlocken.

Trösten und Mut machen

Mitfühlen

Kindliche Ängste und Sorgen erscheinen Erwachsenen oft als Bagatelle. Aber aus der Perspektive Ihres Kindes haben Ereignisse oft eine andere Bedeutung. Hier hilft am besten ehrliches Mitgefühl: »Ich verstehe, dass du traurig bist. Das wäre ich auch, wenn ich etwas verloren hätte.« Besprechen Sie gemeinsam, was Ihr Kind unternehmen kann, damit es ihm wieder besser geht.

Auch Kinder müssen trauern

Natürlich wollen Eltern ihre Kinder am liebsten immer fröhlich und lachend sehen. Doch auch für kleine Kinder ist die Welt nicht immer nur heiter. Lassen Sie Ihr Kind ausgiebig weinen, wenn es sich danach fühlt, und seine Trauer ausleben, damit es danach wieder Trost finden kann. Wenn sein über alles geliebter Hamster gestorben ist, hilft die sofortige Aussicht auf einen neuen wenig. Zunächst muss es die Gelegenheit haben, um seinen Freund zu trauern und von ihm Abschied zu nehmen. Sprechen Sie mit Ihrem Kind darüber, warum dieser Hamster so ein besonderes Tier war. Wo wird er jetzt wohl sein?

Der Trostbär

Bestimmen Sie ein besonderes Kuscheltier zum Trostbären oder -hasen. Es sollte dem Kind nicht jeden Tag zur Verfügung stehen, sondern an einem geheimen Ort auf seinen Einsatz warten: Seine Zeit kommt immer dann, wenn Ihr Kind Trost braucht. Hat es eine schlechte Note geschrieben oder Ärger mit der besten Freundin – der Bär ist da und spendet Trost. Geht es Ihrem Kind wieder besser, kommt der Trostbär wieder in seine geheime Höhle. Sprechen Sie mit Ihrem Kind darüber, dass der Bär es besonders lieb hat und die Kraft besitzt, Unglück schnell vergessen zu machen.

Davon geht die Welt nicht unter

Hat Ihr Kind ein Missgeschick erlebt? Wenn der Anlass es erlaubt, nehmen Sie die Sache doch gemeinsam auf die leichte Schulter, machen Sie Witze darüber und lachen Sie gemeinsam. Stimmen Sie mit der ganzen Familie folgendes Lied an:

Davon geht die Welt nicht unter,
lieber Gunter, lieber Gunter.
Wir sind alle froh und munter,
froh und munter, froh und munter,
singen jetzt noch mal...

Weißt du noch?

Kindern erscheinen Missgeschicke oder Enttäuschungen oft als Katastrophen, die sie niemals überwinden werden. Wenn Sie mit Ihrem Kind über sein Problem sprechen, erinnern Sie es an Krisen, die es längst überwunden und vergessen hat. »Weißt du noch, als damals deine beste Freundin, die Marie, mit ihren Eltern weggezogen ist? Da warst du auch so traurig, dass du gar nicht mehr in den Kindergarten gehen wolltest. Und dann hast du dich schon am nächsten Tag mit der Lena angefreundet.« Das macht Mut und gibt Vertrauen, dass das Leben weiter geht und alles wieder gut wird.

Der freche blaue Fleck

Hat Ihr Kind sich einen blauen Fleck geholt, gibt es ein einfaches Trostmittel: Malen Sie dem blauen Fleck oder der Beule ein freches Gesicht: mit Augen, Mund, Nase, Haaren und abstehenden Ohren. Sie können auch Pflaster bunt bemalen oder Ratscher und aufgeschlagene Knie rundum mit kleinen Zeichnungen gestalten. Erzählen Sie Ihrem Kind, wie lange so ein blauer Fleck lebt und wie er im Laufe der Zeit seine Farbe verändert. Sie können auch gemeinsam die Heilung kleinerer Wunden täglich verfolgen: »Vor zwei Tagen war der Kratzer noch viel größer. Was meinst du, wie lange es dauert, bis der blaue Fleck ganz verschwunden ist?«

Mut machen

Erzählen Sie Ihrem Kind aus Ihrer eigenen Kindheit, davon, wie Sie mal Angst hatten und was Ihnen dann geholfen hat. Geben Sie ihm Glücksbringer mit, an die es sich in seiner Not wenden kann: Schweinchen, Glücksklee oder ein kleines Hufeisen. Verstecken Sie einen aufmunternden Brief in seiner Mappe, in dem Sie Ihrem Kind sagen, wie lieb Sie es haben und wie stolz Sie auf es sind. Drücken Sie ihm richtig die Daumen, bevor es losgeht oder spucken Sie dreimal über die Schulter. So gestärkt, wird die Mathearbeit schon viel leichter.

Sylke Teichert aus dem hessischen Grasellenbach berichtet von ihrer achtjährigen Tochter: *Sie wollte einfach nur so sein wie ein Mädchen aus ihrer Klasse, deren Erfolg sie auf ihr Gewicht und das Aussehen geschoben hat. Ich habe dann versucht, ihr klar zu machen, dass auch dieses Mädchen seine Fehler und Probleme hat und habe mir von ihr darüber erzählen lassen. Inzwischen hat meine Tochter begriffen, dass andere Werte wichtiger sind und jeder Mensch etwas gut kann und anderes wiederum nicht. Auch hier helfen manchmal die Erzählungen aus meiner Kinderzeit.*

Auf Streit folgt Versöhnung

Streit darf sein
Wo Menschen ständig zusammen leben, wird es immer Konflikte geben. Und die sollten auch ausgetragen werden. Nichts ist schlimmer, als notwendige Auseinandersetzungen unter den Teppich zu kehren. Versuchen Sie bei einem Streit immer sachlich zu bleiben und mit Argumenten zu arbeiten. Endlose Diskussionen führen zu nichts. Wenn Ihr Kind trotz erklärender Worte immer noch nicht einsehen will, warum es sein Zimmer aufräumen soll, beenden Sie den Streit: »Schluss, du räumst jetzt auf!« und gehen. Ihr Sprössling wird zwar sauer sein, muss aber auch lernen, Regeln zu akzeptieren. Ganz wichtig: Lassen Sie sich in Ihrem Entschluss nicht mehr umstimmen. Wenn ein Kind merkt, dass es mit lautem Schreien doch noch seinen Willen bekommt, wird es diese Zermürbungstaktik immer wieder einsetzen. Also, konsequent bleiben!

Der Streitbär
Manchmal sind Kinder einfach nur schlecht drauf und beginnen wegen Kleinigkeiten einen Streit. Wenn Kinder nur aus einer solchen Laune heraus zu provozieren versuchen, ist es am besten, sich nicht darauf einzulassen. Geben Sie Ihrem Kind einen Teddy oder ein anderes Plüschtier, mit dem es streiten kann. Lassen Sie die beiden alleine. So ein Streitbär lässt alle bösen Worte friedlich über sich ergehen und antwortet nicht im gleichen Ton. Da merkt Ihr Kind schnell, wie albern es sich benimmt und muss vielleicht sogar über sich selbst lachen.

Die Wut wegwerfen
Wenn Ihr Kind so wütend ist, dass es sich gar nicht beherrschen kann, lassen Sie es seine Wut »wegwerfen«: Geben Sie ihm eine leere Flasche, in die es seine Wut hinein brüllen und die es dann an einer sicheren Stelle auf den Boden oder gegen eine Wand knallen kann. Mit der Flasche zerbirst auch die Wut. Ihr Kind kann seine Wut auch in eine kleine Dose oder Schachtel brüllen, die Sie gemeinsam vergraben. Wut lässt sich auch wunderbar in eine Pfütze spucken, in die man dann mit Gummistiefeln ordentlich trampeln kann. Mit dem Wasser spritzt auch die Wut nach allen Seiten auseinander. Oder Ihr Kind malt die Wut auf einen Stein, den es ganz weit weg wirft.

Versöhnungsgesten und -Spiele

Üben Sie mit Ihrem Kind Versöhnungsgesten. Diese nach einem Streit einzusetzen fällt vielen Kindern leichter als zu sagen: »Ich will mich wieder vertragen!«. Ihr Kind kann Ihnen wortlos die Hand reichen, ein Blümchen auf Ihr Buch legen oder ein Herz als Zeichen der Versöhnung malen. Gehen Sie auf seine Friedensangebote mit einem Lächeln ein. Auch Naserubbeln kann zwei Streithähne wieder zusammenbringen. Oder Sie nehmen eine Salzstange, stecken sich das eine Ende in den Mund und Ihr Kind das andere. Nun knabbern Sie von beiden Seiten aufeinander zu, bis Sie sich in der Mitte mit einem Versöhnungskuss treffen.

Auch wenn es tagsüber Streit gab – abends sollte der Ärger vergessen sein. Sprechen Sie mit Ihrem Kind vor dem Zubettgehen und überlegen Sie gemeinsam, was der Tag Schönes gebracht hat.

Zeugnisse: Wie ich dich finde...

Stellen Sie sich doch gegenseitig mal Zeugnisse aus: Vielleicht bekommen Sie heraus, welche Ihrer Eigenarten Ihr Kind auf die Palme bringen. Und Sie können ihm zeigen, was Sie zu einem Streit provoziert. Bereiten Sie Fragen vor: »Was magst du an mir besonders gerne? Was kannst du gar nicht leiden?« Dann kann Ihr Kind Ihnen Noten geben: für Streitfähigkeit, Geduld oder Aufmerksamkeit. Lassen Sie Ihrem Kind Zeit, die Antworten gut zu überlegen. Zeigen Sie ihm, dass Sie seine Ansichten ernst nehmen und Ihr Verhalten überdenken. Umgekehrt beantworten Sie natürlich die gleichen Fragen über Ihr Kind. Bei der Auswertung können beide Seiten mehr Verständnis füreinander gewinnen. Schließen Sie ein Abkommen: Jede Seite verpflichtet sich, in Zukunft bestimmte Dinge nicht mehr zu sagen oder zu tun. Schließen Sie einen Vertrag darüber, mit Unterschrift und Siegel. Der wird bei einem »Unparteiischen« hinterlegt, der auch die Einhaltung kontrolliert.

Bei Anette Richter im mecklenburgischen Seebad Heringsdorf muss *jeder vor dem »Gute Nacht Kuscheln« sein Tages-Hoch und Tages-Tief erzählen. Also auch die Eltern. Unser Sohn fand irgendwie ALLES DOOF und der Tag war schon gänzlichst verdorben, wenn es ein Schultag war. Mit dieser Spielerei musste er etwas Gutes finden. Irgendeine Kleinigkeit oder die Freude über jemanden bzw. etwas. Natürlich ist deshalb der Schulgang nicht seine Lieblingsbeschäftigung geworden. Doch ist seine Einstellung tendenziell besser und es gibt auch Hochs, weil er etwas gemeistert hat.*

Starke Eltern – Starke Kinder

Elternkurse des Deutschen Kinderschutzbundes e.V.

In Zusammenhang mit der Änderung des § 1631 Abs. 2 BGB – Inhalte und Grenzen der Personensorge: »Kinder haben ein Recht auf gewaltfreie Erziehung« – führte das Bundesfamilienministerium verschiedene begleitende Maßnahmen durch. Eine dieser Maßnahmen war die Unterstützung des Deutschen Kinderschutzbundes bei der Entwicklung und Etablierung der Elternkurse »Starke Eltern – Starke Kinder«. Denn die Erfahrung zeigt, dass Eltern Informationen und intensive Unterstützung brauchen, um ihre Einstellung in Erziehungsfragen und dementsprechend auch ihr Verhalten ändern zu können. In Kooperation mit dem Bundesverband des Deutschen Kinderschutzbundes e.V. hat die Soziologin und Familientherapeutin Paula Hokanen-Schobert das Projekt »Starke Eltern – Starke Kinder« entwickelt und entsprechende Fachkräfte geschult.

Eine von ihnen ist Diplom-Sozialpädagogin Gudrun Trapp-Brütting, Mutter von drei Kindern. Sie leitet seit 2000 im Auftrag des Deutschen Kinderschutzbundes e.V. gemeinsam mit einer Kollegin solche Kurse im bayrischen Ottobeuren. Das folgende Interview mit Gudrun Trapp-Brütting beleuchtet Konzept und Inhalte der Elternkurse. Nähere Informationen vermitteln die Niederlassungen des Deutschen Kinderschutzbundes. Über www.kinderschutzbund.de/Verbandsdatenbank oder die Bundesgeschäftsstelle des Bundesverbandes, Tel. 0511/3 04 85-0 erhält man die Kontaktadressen.

Frage: Wo setzen die Elternkurse »Starke Eltern – Starke Kinder« des Deutschen Kinderschutzbundes an?

Antwort: Wer Kinder hat, kennt die Selbstzweifel, die bis zu der Annahme gehen können, dass in allen anderen Familien alles besser laufen würde. Elternsein ist sehr schön – aber eben manchmal auch sehr anstrengend. In den Elternkursen möchten wir das Selbstvertrauen der Eltern in ihre Erziehungsverantwortung stärken. Schließlich erfüllen Eltern eine wichtige und oft Kräfte zehrende Aufgabe, bei der sie sich nicht selten allein gelassen fühlen. Wir möchten in unseren Elternkursen hautnah an die Erfahrungen der Eltern in unserer Gruppe mit ihren Kindern anknüpfen. Dabei steht nicht der erhobene Zeigefinger im Vordergrund, sondern das Aufmerksam-Machen auf die bereits vorhandenen Stärken sowohl der Kinder als auch der Eltern.

Frage: Welche Ziele und Inhalte haben die Elternkurse?

Antwort: Die Elternkurse unterstützen dabei, mehr Klarheit in das Erziehungsverhalten zu bringen und neue, weniger stressige Umgangsformen miteinander zu finden. Ziel ist die Stärkung des Selbstbewusstseins der Eltern im Erziehungsprozess, die Verbesserung der Kommunikation und der Problemlösung in der Familie. Präventiv versuchen die Kurse, physischer und psychischer Gewalt in der Familie zu begegnen.

Frage: Wie arbeiten Sie in Ihren Seminaren?

Antwort: Der Kurs ist eine Kombination aus Theorievermittlung und Selbsterfahrung. Während der zehn Kursabende beschäftigen wir uns u.a. mit folgenden Inhalten: Werte und Erziehungsziele, Kommunikation und Problemlösung in der Familie. Nach einer theoretischen Einführung in das Thema können die Teilnehmer diese Informationen mit ihren eigenen Erfahrungen, Übungen und gemeinsamen Diskussionen in der Gruppe in Verbindung bringen. Die »Hausaufgaben« sollen dann dazu beitragen, die neu gewonnenen Erkenntnisse und Verhaltensänderungen im Alltag zu erproben und zu festigen.

Frage: Was schätzen Sie persönlich an diesem Kurskonzept am meisten?

Antwort: Die Erfahrungen zeigen, dass der Kurs neue Kenntnisse, Sichtweisen und Anregungen zu vermitteln vermag, Entlastung und Sicherheit in der Erziehung bietet und allen Beteiligten sehr viel Spaß und Freude macht. Die einzelnen GruppenteilnehmerInnen profitieren sehr vom Austausch mit den anderen, denn jede und jeder Einzelne hat einen reichhaltigen Erfahrungsschatz. Es tut gut zu sehen, dass andere Familien oft die gleichen Probleme haben wie man selbst. Jeder Kursabend wird mit einem Motto eingeleitet. Ich finde es als Gedächtnisstütze eine Bereicherung und möchte abschließend zwei solche Mottos zitieren:

- »Zum Wachsen braucht man Anerkennung, Liebe und Vertrauen.«
- »Wenn man Beschlüsse, die einen selbst betreffen, mitentscheiden kann, ist man auch eher bereit, sie einzuhalten.«

Das Interview führte Kerstin Gemballa.

Kinder auf dem Weg zur Persönlichkeit

Wie können Eltern die Persönlichkeitsentwicklung ihrer Kinder fördern? Was braucht ein Kind, damit sich seine Anlagen von Anfang an optimal entfalten können? Eltern fragen sich immer wieder, wie ihre Unterstützung bei der Entwicklung ihres Kindes aussehen kann; wo sie Grenzen setzen müssen oder Freiräume schaffen sollten.

Vom Wunsch, etwas zu bewirken

Von Geburt an haben Babys den Wunsch, etwas verändern und bewirken zu können. Im Alltag äußern sie dies durch Schreien. Damit erleben sie sich durch die Reaktion der anderen als »wirksam« und als nicht hilflos. Die Erfahrung, Dinge selbst in Bewegung zu bringen, ist unentbehrlich für den gesamten Lebensweg. Bekommt ein Baby nur nach einem Zeitplan etwas zu trinken und wird sein Schreien außerhalb dieses Zeitplans nicht wahrgenommen, gewöhnt es sich an Regeln, die von außen kommen. Es lernt, dass der eigene Wille nichts verändern kann. Es entsteht das Gefühl der Hilflosigkeit: Dem Kind fehlt die Erfahrung, dass es mit Ausdauer und Anstrengung etwas erreichen kann. Erhält ein Kind jedoch die Chance etwas verändern zu können, ist dies die Basis für ein stabiles Selbstwertgefühl, die Grundlage seines Selbstbewusstseins.

Verziehen im ersten Lebensjahr?

Dürfen Eltern ihr Baby jederzeit aus dem Bettchen heben, wenn es schreit – oder verziehen sie es damit schon? Sollen sie das Baby frühzeitig an regelmäßige Abläufe gewöhnen oder kann es das noch gar nicht? Darf das Baby in ihrem Bett schlafen? Woran können sich Eltern halten? Was ist wirklich »richtig« für das Kind?

Heute herrscht in der Fachwelt weitgehende Einigkeit darüber, dass Eltern Kinder nicht verwöhnen, sondern im Gegenteil stark und selbstsicher machen, wenn sie ihnen vor allem im ersten Lebensjahr so viel Liebe, Zärtlichkeit und Zuwendung wie möglich schenken. Kinder schreien zu lassen, damit sie lernen, dass Mama und Papa nicht unbegrenzt verfügbar sind, gilt schon lange nicht mehr als richtig.

Kinder schreien nicht, um ihre Eltern zu ärgern. Wenn ein Kind schreit, dann ist das seine einzige Möglichkeit, den Eltern zu zeigen, dass etwas nicht in Ordnung ist. Darum ist es richtig und wichtig, auf das Schreien des Kindes zu reagieren. Das hilflose Baby muss die Chance haben, das Gefühl von Sicherheit und Schutz, von Zuwendung und Liebe kennenzulernen. Auch wenn es sich widersprüchlich anhört:

Je fester die Bindung zwischen Bezugspersonen und Baby von Anfang an ist, desto leichter fällt es dem Kleinkind später, sich selbstbewusst auf Entdeckungsreise zu begeben und sich allmählich von seinen Bezugspersonen zu lösen. Heike Schürmann im nordrhein-westfälischen Grevenbroich, Erzieherin und Mutter von drei Söhnen, hat dazu einen treffenden, aus dem Indischen kommenden Sinnspruch für sich entdeckt:

Solange die Kinder klein sind, gib ihnen feste Wurzeln, wenn sie dann groß sind, gib ihnen Flügel!

Können Eltern zu sehr lieben?

In vielen Kulturen dieser Welt werden die Babys ein bis zwei Jahre lang fast ununterbrochen von der Mutter in einem Tuch am Körper getragen. Nachts schlafen sie selbstverständlich in unmittelbarer Nähe der Mutter. Darunter leidet die Entwicklung der Kinder nicht. Es ist offensichtlich ein weiteres Grundbedürfnis des Säuglings, in den ersten Lebensmonaten gehalten und getragen zu werden und die Nähe der Bezugsperson ständig zu spüren.

Bei manchen Säugetieren verhält es sich übrigens ähnlich: Kleine Elefantenbabys, die von Menschen aufgezogen werden, brauchen den engen und zärtlichen Kontakt zu ihrem Pfleger Tag und Nacht, sonst können sie nicht überleben. Es ist deshalb kein Zeichen von übertriebener Liebe, das Grundbedürfnis des Babys nach körperlicher Nähe und Zuwendung zu erfüllen. Je tiefer die Beziehung zum Baby ist, desto besser verstehen die Bezugspersonen auch die individuellen Bedürfnisse dieser einen, ganz besonderen kleinen Persönlichkeit.

Warum schreit das Baby?

Ein Baby hat nicht immer Hunger, wenn es schreit. Vielleicht ist es einfach noch gar nicht müde und langweilt sich im dunklen Kinderzimmer? Vielleicht liegt es auf einem Knopf, der unangenehm in die Haut drückt? Möglicherweise ist es aus lauter Fürsorglichkeit auch viel zu warm eingepackt? Oder möchte es nur noch einmal eine vertraute Stimme hören und die Nähe einer Bezugsperson spüren? Eltern erkennen schnell, wie ernst sie das Schreien ihres Babys nehmen müssen. Sie können die wortlosen Botschaften ihres Kindes verstehen – zum Erstaunen Außenstehender, für die sich das Weinen des Kindes eigentlich immer gleich anhört.

Fremdeln

Viele Babys fremdeln im ersten Lebensjahr. Bei Kindern bleiben sie meist ruhig und freundlich, bei fremden Erwachsenen nicht. Beim Fremdeln zeigen Babys ein Verhalten, das als »rückversichern« bezeichnet wird. Das Kind sucht die Nähe seiner vertrauten Bezugsperson und erkundet über Blickkontakte deren Verhalten gegenüber dem »Fremden«. Erst wenn von Mutter oder Vater signalisiert wird, dass alles in Ordnung ist, kann sich das Kind auf die fremde Person einlassen.

Man nimmt an, dass dieser Wunsch nach Rückversicherung mit der Entwicklung des Gehirns zusammenhängt. Ende des ersten Lebensjahres vernetzen sich die Funktionen der beiden Gehirnhälften. Während der linken die kognitiven Leistungen wie Sprechen und rationales Denken zugeordnet sind, liegen in der rechten die emotionalen Leistungen wie Gefühle und die Fähigkeit, soziale Kontakte zu knüpfen. Wenn also beide Gehirnhälften miteinander vernetzt sind, sieht das Kind Empfindungen und kognitive Wahrnehmungen als Einheit. Diese neue Erfahrung stellt jedoch die Welt des Kindes wieder vollkommen auf den Kopf. Alles bekommt eine neue Bedeutung. Nur über das stete Rückversichern bei vertrauten Personen gelingt es, Neues und Fremdes kennen und verstehen zu lernen.

Einschränken sollten die Eltern die Unternehmungen des Krabbel- oder des Kleinkindes nur dann, wenn wirklich eine Gefahr für es besteht. Was ein Kind gelernt hat und beherrscht, sollte es fortan auch immer allein tun dürfen. Daran wächst das Selbstvertrauen. Das findet auch Angela Fey aus Köln. Sie schreibt: *»Du schaffst das!« denke ich häufig, aber nicht oft genug, wenn unser Sohn Lukas (18 Monate) mal wieder etwas Halsbrecherisches versucht. Ich traue ihm recht viel zu und habe festgestellt, dass er sich durch das ständige Ausprobieren immer besser einschätzen kann. Ich bemühe mich, ihn nur dann einzuschränken, wenn es gefährlich wird... Hilfestellung gebe ich ihm, wenn er es wünscht oder wenn er sie zu brauchen scheint.*

Was heißt eigentlich »loslassen«?

»Loslassen« können Eltern ihr Kind erst, nachdem sich durch innige Zuwendung eine feste Beziehung entwickelt hat. Das Kind unternimmt dann von ganz allein immer weitere Ausflüge weg von der Bezugsperson. Erst entfernt es sich vom Schoß der Mutter oder des Vaters und erkundet das Zimmer oder lernt die Kinder der Nachbarin kennen. Kinder machen so neue Erfahrungen im Umgang mit anderen Sachen oder Menschen. Mit den gewonnenen vielfältigen Eindrücken bauen Kinder ihre Fähigkeiten aus. So lernen sie: Was bei einem Menschen mit Ausdauer und Überzeugung erreicht werden kann, bleibt bei einem anderen wirkungslos. Die Erfahrung, dass Menschen unterschiedlich reagieren, ist unentbehrlich für das weitere Leben der Kinder. Nur durch diese Erfahrung ist es möglich, Beziehungen aufzubauen, in Frage zu stellen und zu verändern.

Trennen und wiederkommen

Noch heute sprechen Fachleute vom »Urvertrauen«, das nötig ist, um sich trennen und wieder begegnen zu können. Dazu gehört die Gewissheit, dass die Bezugsperson erreichbar bleibt und auf jeden Fall zurückkehrt. Gewohnheiten und Rhythmen geben dem Kind innere Sicherheit. Fast alle Babys erfahren im ersten Lebensjahr, dass ein Elternteil am Morgen aus dem Haus geht und später wiederkehrt. Diese Trennung kann anfangs qualvoll sein. Doch je öfter sich dieser Rhythmus wiederholt, desto entspannter werden Babys beim Abschied sein: Sie vertrauen und erwarten das Wiedersehen. Darauf aufbauend lernen sie langsam das Prinzip der »Trennung auf Zeit« kennen. Und schließlich genießen sie ihren eigenen Autonomiegewinn, wenn sie später das Haus verlassen und in die Kindergruppe oder zur Tagesmutter gehen.

Vom Baby zum Kleinkind

Mit Beginn des zweiten Lebensjahres spricht man in der Regel nicht mehr von einem Baby, sondern von einem Kleinkind. Diese Phase erstreckt sich bis zum Kindergartenalter, also bis zum vollendeten dritten Lebensjahr. In diese Zeit fallen wichtige Entwicklungsschritte, die das Kind immer mobiler und selbständiger machen. Mit etwa zwei Jahren bildet sich das Bewusstsein für das eigene Ich heraus. Das Kind entdeckt seinen eigenen Willen, den es mit Trotz und Wut durchzusetzen versucht. All das gehört zu einer gesunden Entwicklung der Persönlichkeit, auch wenn es den Eltern das Leben nicht gerade leichter macht.

Ich und die anderen

Erwachsenen scheint es selbstverständlich: Sie kennen und erkennen sich, wenn sie ihr Bild im Spiegel oder auf einem Foto sehen. Doch unsere Kleinen begreifen sich erst im zweiten Lebensjahr als sie selbst. Verstehen sie sich erst mal als eigenes Ich, dann können sie auch zwischen sich und anderen unterscheiden. Sie empfinden sich nicht mehr als Mittelpunkt und fangen an, die Sichtweise anderer Menschen zu berücksichtigen. Dieser Entwicklungsschritt ist eine wichtige Voraussetzung für das gemeinsame Spiel. Jetzt wird der Grundstein für sichere Beziehungen, das heißt für Kommunikations- und Konfliktfähigkeit gegenüber anderen Menschen gelegt.

Ängste

In keinem Alter durchlebt der Mensch so viele Ängste wie während der Zeit als Kleinkind. Rund um den dritten Geburtstag beginnen sich manche Kinder völlig unerwartet vor der Dunkelheit zu fürchten, träumen schlecht, sehen Gespenster oder verfallen in Panik vor Spinnen und Käfern. Wahrscheinlich sind das zunehmende Ich-Bewusstsein und die wachsenden intellektuellen Fähigkeiten der Kinder dafür verantwortlich. Je selbst-bewusster sich die Kleinen wahrnehmen, desto deutlicher fühlen sie sich von der sie umgebenden Welt unterschieden. Eltern können diese Ängste nicht verhindern, aber begleiten. Elterliche Appelle an die Einsicht, an den Mut oder auch Sätze wie »Du bist doch schon groß!« zwingen das Kind, seine Angst zu verstecken. Dagegen helfen Verständnis und »Entzauberung« dem Kind, seine Ängste zu überwinden.

Am besten lassen sich Kinderängste entspannen, wenn man die Schrecken entlarvt oder nachspielt. So können durch das Nachspielen ein Gewitter (das Kind ist der Donner) oder ein Arztbesuch (das Kind ist der Arzt) durchlebt und verarbeitet werden.

Lieben und leiten

Das Grundbedürfnis des Kindes, Geborgenheit und Nähe zu erfahren, bedeutet nicht, dass es den Alltag der Eltern dominieren darf. Auch hier kann ein Vergleich mit anderen Kulturkreisen dazu dienen, das Verständnis für Zusammenhänge zu wecken, die bei uns immer mehr in Vergessenheit geraten. Die indianische Mutter, die ihr Kind den ganzen Tag auf dem Rücken bei sich trägt, nach Bedarf stillt und es auch nachts direkt neben sich schlafen lässt, würde dennoch niemals auf die Idee kommen, sich ihren Tagesablauf vom Kind diktieren zu lassen. Das Kind wird vielmehr in ihren Alltag eingebunden.

Wir verstehen dagegen unsere Aufgabe als gute Eltern häufig so, dass wir unsere eigenen Bedürfnisse völlig hinter die des Kindes stellen müssen. Nur so, nehmen wir vielleicht an, könne sich seine Persönlichkeit völlig frei entfalten. Aber wie soll das Kind lernen, sich in eine Gemeinschaft einzufügen, die Bedürfnisse anderer gelten zu lassen und Grenzen seiner Freiheit anzuerkennen, wenn es von klein auf gelernt hat, dass sich die Eltern seinem Willen unterordnen? Kinder müssen von den Eltern geführt und geleitet werden. Denn sie wissen, was gut für das Kind und wichtig für die Familie ist. Und das müssen sie durchsetzen.

Uta Menke aus Bardowick in der Nähe von Hamburg schreibt zum Thema »Grenzen setzen«: *Kinder sind heute stärker organisiert, beaufsichtigt, begrenzt und eingeengt denn je. Daher ist ein Freiraum, in dem sie in Ruhe eigene Erfahrungen sammeln können, für ihre seelische und motorische Entwicklung so wichtig wie nie zuvor. Ebenso brauchen Kinder Grenzen. Ihre Freiheit hört da auf, wo sie die Freiheit anderer zu sehr einschränken. Dieses »Grenzen setzen« erfordert von den Eltern Konsequenz. Die Grenzen sollen Halt geben, nicht unnötig einengen. ... In jedem Kind stecken eine Pippi Langstrumpf, ein Struwwelpeter und ein Zappelphilipp. Eltern müssen einfach viel mehr Humor haben und oftmals gelassener reagieren.*

Grenzen setzen

Ein Kind einfühlsam und liebevoll, aber mit Konsequenz zu führen, schränkt die Entwicklung seiner Persönlichkeit nicht ein, sondern hilft ihm, eine starke, gesunde Persönlichkeit zu entwickeln. So sieht das auch Angela Fey aus Köln: *Während der vielen Möglichkeiten, etwas auszuprobieren, stößt Lukas natürlich immer wieder an Grenzen, an die eigenen, wenn er etwas noch nicht schafft und an die des anderen, wenn er etwas nicht darf. Aber ich glaube, dass gerade dieses Erfahren von Grenzen ihn seine Körperlichkeit und somit sich selbst als eigenständige Person erleben lassen.*

Was müssen Eltern »regeln«?

Eltern sollten gemeinsam entscheiden, welche Regeln sie in einem bestimmten Entwicklungsabschnitt ihres Kindes für wichtig halten. Wer zu viele Regeln aufstellt, wird Schwierigkeiten mit der Durchsetzung bekommen. Die Familienregeln sollten dazu dienen, die Sicherheit des Kindes zu gewährleisten und das Zusammenleben mit Blick auf alle Familienmitglieder annehmbar zu gestalten.

Sind sich die Eltern zum Beispiel einig, dass im Haus keine Schuhe getragen werden, dann kann das schon ein Kleinkind lernen. Alle ziehen ihre Schuhe im Eingangsbereich aus – »Aha, das ist ein lustiges Spiel, das mache ich genauso«. Aber schon bald wird das Kind versuchen, diese Familienregel auch mal in Frage zu stellen: »Ich will meine Schuhe aber nicht ausziehen!!!« Jetzt kommt es darauf an, dem Kind freundlich aber bestimmt klarzumachen, dass es mit Schuhen nicht in die Wohnung darf: »Wenn du deine Schuhe nicht ausziehen möchtest, dann musst du eben hier im Eingangsbereich sitzen bleiben, denn unsere Wohnung betritt man nicht mit Schuhen.« Natürlich sollte man alle Regeln immer wieder daraufhin überprüfen, ob sie noch sinnvoll sind oder nicht. Das Kleinkind bleibt im Straßenverkehr an der Hand eines Elternteiles, könnte eine Regel lauten. Sobald das Kind aber im Alter von vier oder fünf Jahren bewiesen hat, dass es sich auf dem Gehweg angemessen verhalten kann, ist die Regel überholt.

Wie setzt man Kindern Grenzen?

Grenzen werden gesetzt, indem man klare Regeln aufstellt und dann auch für ihre Einhaltung sorgt. Ein Kleinkind braucht zuverlässige Eltern oder Bezugspersonen, die sich ihrer Verantwortung für seine Erziehung bewusst sind, die es führen, leiten – und konsequent auf der Einhaltung von sinnvollen Regeln bestehen. Trotzdem fällt es Eltern heute oft schwer zu akzeptieren, dass es ihre Aufgabe ist, die Einhaltung sinnvoller Regeln auch gegen den Widerstand des Kindes konsequent durchzusetzen.

Hanka Nikolov aus dem brandenburgischen Schwedt an der Oder schildert eine Situation, die viele Eltern von Kleinkindern kennen: *Unser Erik ist im absoluten Trotzalter mit fast drei Jahren. Manchmal ist er so wütend und außer sich, dass Reden gar nicht mehr bei ihm ankommt. Er trampelt auf der Stelle und schreit und schmeißt sich hin und die Sachen auch und haut sein kleines Brüderchen. (...) Ich habe jetzt gemerkt, dass er sich von alleine nicht mehr »einkriegt«. Er beruhigt sich nicht, sondern ist einfach ganz doll unglücklich mit sich und allem. Wenn ich dann gar nichts mehr sage und ihn irgendwie auf meinen Schoß kriege, drücke ich ihn ganz fest an mich (Gesicht an Gesicht), bis er sich wieder beruhigt. Es dauert gar nicht lange. Dann gelingt es uns beiden, uns zu entspannen und auszusprechen, was ihn – und mich – so wütend gemacht hat.*

Trotzphase

Wie im körperlichen Bereich gibt es auch im seelischen Bereich Entwicklungsaufgaben, die das Kind lösen muss. So wie Eltern ihrem Kind das Laufen lernen nicht abnehmen, genauso können sie ihm die Entwicklung zu einer eigenständigen und einmaligen Persönlichkeit nicht vorenthalten. In der Trotzphase lernt das Kind sich durchzusetzen und eigenständig zu werden, aber auch Rücksicht zu nehmen und kompromissfähig zu sein. Der innere Konflikt entsteht dadurch, dass das Kind zwar selbständig sein möchte und muss, andererseits aber auch gern Mamas Baby bleiben will und in ihrer Geborgenheit Schutz sucht. Dieser Konflikt äußert sich durch die bekannten Wutausbrüche, die für Eltern und Kinder Belastungsproben darstellen. Eltern können ihren Sprösslingen die Zeit der Trotzphase durch Verständnis, durch klare Regeln und Anleitung leichter machen. Das Handeln der Eltern richtet sich danach, wie sie das Verhalten des Kindes deuten. Daher ist es wichtig, diese Entwicklung des Kindes als notwendig anzusehen und nicht als böswillig und gegen die Eltern gerichtet.

Wutanfälle können eine Reaktion auf Verbote sein. Sie werden aber auch ausgelöst, wenn dem Kind etwas nicht so gut gelingt, wie es das gerne möchte. Es ist dann selbst zutiefst unglücklich, weil es mit Niederlagen und Rückschlägen noch nicht umzugehen gelernt hat. Das Kind braucht in solchen Fällen wirklich Verständnis oder Trost.

Ich will aber (nicht)...

In der Trotzphase regen sich auch die ersten Widerstände gegen die Eltern. Die Kinder testen, was passiert, wenn sie »Nein« sagen und nicht tun, was von ihnen erwartet wird. Das ist eine Phase, die für die Entwicklung der Persönlichkeit besonders wichtig ist. Wo es wirklich notwendig ist, sollten Eltern sich durchsetzen. Das Kind lebt in dieser Phase noch im Augenblick – Vergangenheit und Zukunft haben keine Bedeutung, auf Erfahrungen kann es nicht zurückgreifen. Gefühle erlebt es ohne Abstufungen nach Wertigkeit und Wichtigkeit. So kann die Reaktion auf einen abgewiesenen Wunsch nach einem Keks genauso heftig sein wie auf das Einstürzen des selbst gebauten Turms. Der Trotzanfall steht in keinem Verhältnis zum Ereignis. Zwar versteht das Kind, was die Eltern sagen, aber die eigene Ausdrucksfähigkeit beschränkt sich auf Schreien und Weinen. Das Kind kann die Welt aus den Angeln heben, aber nicht wieder einsetzen. Daraus entstehen Erlebnisse der Enttäuschung und des Misserfolgs, die das Kind nur schwer erträgt. Es weint und schreit. Mit dieser Reaktion löst sich allerdings auch die große innere Spannung.

Wenn das Kind trotzt, weil es an einer stark befahrenen Straße auf dem Randstein balancieren möchte, kann man ihm seinen Willen nicht lassen: »Hier bleibst du an meiner Hand, weil dir sonst etwas passieren kann. Erst da hinten, wo keine Autos mehr fahren, darfst du wieder balancieren.« Aber in manchen Situationen sollten Eltern dem Kind seinen Willen durchaus lassen. Besteht ein Kleinkind zum Beispiel mit wütendem Schreien darauf, eine rot-weiße Blümchenbluse zur blau-grün-gestreiften Hose zu tragen, können die Eltern nachgeben. Denn das Kind schadet weder sich noch anderen – und was die Nachbarin denkt, wenn das Kind so interessant gemustert herumläuft, sollte den Eltern weniger wichtig sein als das Vermeiden eines unerfreulichen Machtkampfes mit dem kleinen Trotzkopf.

Motorik

Wie das Selbstbewusstsein so ist auch die Entwicklung der intellektuellen Fähigkeiten des Kindes eng mit seiner motorischen Entwicklung verknüpft. Daher die gute Nachricht für Eltern: Jeder Bewegungsanlass, den sie schaffen, ist ein kleiner Baustein auf dem Weg des Kindes zu einer selbstbewussten, starken Persönlichkeit. Das Kind einfach beim Sonntagsspaziergang im Wald oder einem Park über Baumstämme balancieren, hüpfen, klettern, rennen und erforschen lassen... Bewegungsmöglichkeiten gibt es für Kinder (fast) überall.

Ein Freund, ein guter Freund

Kinder brauchen Kinder

Die ersten und wichtigsten Bezugspersonen im Leben eines Kindes sind seine Eltern. Doch schon Babys suchen die Nähe anderer Kinder und erkennen instinktiv, dass es sich um »Gleichgesinnte« handelt. Mit zunehmendem Alter werden die Beziehungen zu anderen Kindern intensiver und wichtiger. Denn im Gegensatz zu Erwachsenen, die möglichst auf die Kleinen eingehen und ihre Wünsche berücksichtigen, denken andere Kinder gar nicht daran. In der Auseinandersetzung mit Gleichaltrigen entdecken Kinder die Regeln menschlichen Zusammenlebens: lernen, sich unterzuordnen und durchzusetzen, zu streiten und zu versöhnen, zu geben und zu nehmen, auf andere einzugehen und zu kommunizieren – Kinder entwickeln soziale Kompetenzen.

Eine der wichtigsten sozialen Kompetenzen ist die Fähigkeit, Freunde gewinnen und halten zu können. Freundschaften stärken das Selbstwertgefühl, geben Sicherheit, Geborgenheit und Vertrauen. Mit einem Freund kann man spielen und toben, man kann ihm alle Kümmernisse und Geheimnisse anvertrauen, Streiche aushecken und gegen die anderen zusammenhalten. Daneben bieten Freundschaften den Hintergrund, sich mit anderen zu vergleichen. Befreundete Kinder messen sich immer wieder aneinander; sie testen, wer höher klettern oder mehr Tore schießen kann. Dabei geht es meist weniger um Rivalität als um das Ausloten der eigenen Fähigkeiten. Im Vergleich mit ihren Freunden können Kinder eine Einschätzung der eigenen Person und Identität entwickeln. Susanne Weber aus dem thüringischen Schalkau bringt es auf den Punkt: *Freunde machen stark.*

Freunde sind Verbündete

Die ersten Freundschaften schließen Kinder im Kindergartenalter. Zu dieser Zeit sind die Beziehungen weder besonders tief noch haltbar. War gestern noch Saskia die beste Freundin, kann es heute schon Marie sein und Saskia ist plötzlich »doof«. Diese Freundschaften entstehen oft zufällig, weil die Kinder nebeneinander sitzen oder in einem Haus wohnen. Hauptsache, man kann gut miteinander spielen. Mit dem Eintritt in die Schule ändert sich die Qualität der Freundschaften. Kinder sehen ihre Freunde nun vor allem als Verbündete, bei denen sie sich von den Anforderungen durch Schule und Familienleben erholen und ganz sie selbst sein können. Bei der Auswahl von Freunden geht es nun vor allem darum, dass diese sich an Regeln halten: So muss ein Freund Geheimnisse für sich behalten können, immer zu einem stehen, zuhören können und ehrlich sein. Werden diese Regeln verletzt, ist es mit der Freundschaft oft schnell vorbei.

Mit zunehmendem Alter werden Aspekte wie Verständnis, Vertrauen, Mitgefühl und Verlässlichkeit zentrale Bedingungen für Freundschaft. Kontakte und Freundschaften mit Gleichaltrigen werden intensiver. Eltern treten als Vertraute und erste Bezugspersonen langsam in den Hintergrund. Für Kinder ist das ein wichtiger Schritt in Richtung Selbständigkeit. Auf die Liebe und Unterstützung ihrer Eltern sind sie dennoch lange angewiesen.

Wahl der Freunde

Die Kriterien, nach denen sich Ihr Kind seine Freunde aussucht, verstehen Sie vielleicht manchmal nicht. Sie fänden zum Beispiel die niedliche Steffi als Freundin für Ihr Kind viel geeigneter als die freche Pauline, die auch noch jede Menge neuer Schimpfwörter kennt. Sie müssen nicht nachvollziehen können, warum Ihr Kind seine Sympathie gerade diesen Freunden schenkt. Nehmen Sie dennoch seine ersten Freundschaften unbedingt ernst. Lassen Sie ihm den Freiraum, sich seine Freunde selbst auszusuchen. Setzen Sie lieber auf die Kurzlebigkeit vieler Kinderfreundschaften. Dieser Weg schafft Vertrauen und bei Ihrem Kind das Gefühl, akzeptiert zu werden. Wenn es später wirklich nötig sein sollte, Ihr Kind vor »falschen« Freunden zu bewahren, haben Sie so größere Chancen, es auch mit Ihren Argumenten zu erreichen.

Freund und Streit

Streit oder Eifersüchteleien, unerwünschte Annäherungsversuche oder Verrat – Kinderfreundschaften sind oft ein Wechselbad der Gefühle. So schnell diese Freundschaften geschlossen werden, so schnell und scheinbar unbegründet sind sie oft auch wieder vorbei. Kinder nehmen dabei selten Rücksicht auf die Gefühle der anderen. So endet manche Freundschaft in Wut, Trauer und Tränen. Kleine Mädchen erleben oft regelrechten Liebeskummer, wenn die beste Freundin von heute auf morgen »eine andere« hat.

Eltern sind oft versucht, ihren Nachwuchs vor Enttäuschungen durch »falsche« Freunde« zu warnen. Aber für Kinder ist es wichtig, diese Beziehungen mit allen Konsequenzen zu durchleben. Trost und Unterstützung sind gefragt, wenn Ihr Kind in seinem Kummer über vermeintlich falsche Freunde und Verrat zu Ihnen kommt. Belasten Sie es nicht mit einem »Ich habe es dir ja gleich gesagt!«, sondern besprechen Sie mit ihm, was es tun kann. Denn Zurückweisungen brauchen Kinder nicht passiv zu erdulden. Und um eine Freundschaft sollten sie kämpfen, wenn sie zu dem Schluss kommen, dass es Freund oder Freundin wert sind.

Freunde kennenlernen

Eltern können ihrem Kind helfen, erste Freundschaften zu knüpfen. Sie können Kinder von Freunden und Bekannten oder einige Kinder aus der neuen Kindergartengruppe zu sich nach Hause einladen und einen Nachmittag mit Spielen gestalten, bei denen die Kinder sich kennenlernen.

Sich in neuer Umgebung zurechtzufinden, ist für viele Kinder nicht einfach. Susanne Bartsch, Erzieherin aus dem fränkischen Gochsheim, half ihrem Sprössling so: *Jan war am Anfang im Kindergarten sehr schüchtern und hat oft gesagt: »Das kann ich nicht«. Wir haben dann oft Kinder aus dem Kindergarten eingeladen, Jan fühlte sich dadurch nicht mehr so fremd und wurde sicherer.*

Inselhüpfen

Im Raum verteilt liegt Zeitungspapier auf dem Boden. Musik ertönt und die Kinder tanzen oder laufen durch den Raum. Sobald die Musik gestoppt wird, springen immer zwei Kinder auf eine der Zeitungsinseln. In der ersten Runde nennt jeder laut seinen Namen. Ab der zweiten Runde nennt jedes Kind den Namen seines »Insel-Nachbarn«. Wer kann sich am schnellsten alle Namen merken?

Wie sehe ich aus?

Die Kinder sitzen im Kreis und spielen Flaschendrehen. Derjenige, auf den die Flasche zeigt, stellt sich mit dem Rücken zu den anderen und soll eine Frage beantworten: »Welche Haarfarbe hat Dennis?« oder »Welches Kind im Raum hat die meisten Sommersprossen?« Wer kann alle Fragen richtig beantworten?

Arme-Salat

Alle Kinder stellen sich eng zusammen und strecken ihre Arme aus, sodass diese wild durcheinander in die Luft zeigen. Ohne hinzugucken, greift nun jedes Kind mit links und rechts irgendeine andere Hand. Keiner weiß, wessen Hand er da gerade hält. Dann versuchen alle, dieses Durcheinander zu entwirren. Dazu steigen sie über Arme oder schlüpfen drunter durch und drehen sich, ohne jedoch die Hände loszulassen. Gelingt es, das Durcheinander zu lösen? Und wer hat wen an der Hand?

Du bist mein Freund

Die Freundschaftssonne
Basteln Sie gemeinsam eine große Sonne aus Pappe mit einem kreisförmigen Bauch und vielen Strahlen und malen Sie sie gelb an. Nun soll Ihr Kind Ihnen die Namen seiner besten Freunde nennen und Sie schreiben diese mit Kreide in den Bauch der Sonne. Sprechen Sie über die Bedeutung von Freundschaft und schreiben Sie in die Sonnenstrahlen die Eigenschaften, die Ihrem Kind bei seinen Freunden am wichtigsten sind: Zuverlässigkeit, Ehrlichkeit, Fröhlichkeit oder auch schöne Haare, der Besitz von tollen Spielsachen. Die Freundschaftssonne wird im Kinderzimmer aufgehängt. Nach einiger Zeit nehmen Sie sich die Sonne wieder vor. Vielleicht muss ein Name in ihrem Bauch oder ein Begriff in den Sonnenstrahlen geändert werden? Sprechen Sie mit Ihrem Kind darüber, warum Freundschaften nicht immer halten und was es aus seinen Erfahrungen gelernt hat.

Das Freundschaftsalbum
Schenken Sie Ihrem Kind eine einfache Polaroid-Kamera, mit der es von jeder gemeinsamen Aktivität mit seinem besten Freund oder der besten Freundin Fotos machen kann. Diese Bilder kleben die Freunde in ein selbst gebasteltes, großes Album ein und schreiben gemeinsame Kommentare dazu. Selbst gemalte Bilder oder Erinnerungen wie Eintrittskarten, eine vom Frisör abgeschnittene Locke oder die Verpackungen besonders leckerer Süßigkeiten ergänzen das Freundschaftsalbum. Beim Durchblättern werden sich die Freunde immer wieder an gemeinsame Erlebnisse und bestandene Abenteuer erinnern.

Freundschaftsgalerie
Zwei Freunde setzen sich mit dem Rücken zueinander und malen von dem jeweils anderen ein Bild aus dem Gedächtnis. Dabei betonen sie vor allem die Details, die sie an ihrem Freund besonders mögen oder die ihnen typisch erscheinen. Das kann eine Zahnlücke sein, eine Brille oder ein ganz besonderes Lächeln. Nach dem Austausch der Bilder erklärt jeder dem anderen, warum er ihn genau so gemalt hat. Nach einigen Monaten malen die Freunde neue Bilder voneinander und hängen sie neben die ersten. Hat sich etwas verändert? Und warum?

Spiele für Freunde

Gemeinsam malen

Einer der Freunde fängt an, ein Bild zu malen. Er zeichnet vielleicht ein Haus oder ein Auto. Der andere darf zwei weitere Gegenstände malen und schon wird wieder gewechselt. Das Blatt wandert hin und her, wird schnell immer voller und bunter. Das entstandene Bild ist ein echtes Gemeinschaftswerk.

Der Spiegel

Einer der Freunde tut, als stünde er vor einem Spiegel und macht allerlei Faxen: sich an der Nase kratzen, zwinkern oder auf einem Bein hüpfen. Der andere ist das Spiegelbild und versucht, alle Bewegungen und Verrenkungen seines Freundes so genau wie möglich und spiegelverkehrt nachzumachen. Da ist es hilfreich, seinen Freund gut zu kennen...

Unterschiede und Gemeinsamkeiten

Zwei Freunde sitzen mit dem Rücken zueinander auf Stühlen und bekommen je eine rote und eine grüne Karte in die Hand. Ein Spielleiter formuliert Sätze wie »Ich esse am liebsten Spaghetti«, »Hunde sind meine Lieblingstiere« oder »Unser Mathelehrer ist doof«. Die beiden Freunde kommentieren diese Aussagen mit »Ja« (grüne Karte) oder »Nein« (rote Karte), ohne dass der andere es sehen kann. Für jede Übereinstimmung gibt es einen Freundschaftspunkt. Der Spielleiter kann auch Fragen stellen wie: »Wer von euch beiden ist der Stärkere?«. Die Freunde zeigen dann entweder auf sich selbst oder den anderen hinter sich. Wieder gibt es für Übereinstimmungen Freundschaftspunkte. Besonders spannend wird das Spiel im Wettstreit mit anderen Freundespaaren.

Die Freundschaftsscheibe

Auf die linke Hälfte eines Papptellers oder -kreises malt Ihr Kind sich selbst. Die Pappe nach oben umdrehen: Auf die rechte Hälfte der Rückseite kommt nun das Bild seines Freundes oder seiner Freundin. An den Rand bohrt Ihr Kind links und rechts je zwei Löcher und zieht einen Bindfaden durch. Hält es den Faden an beiden Enden fest und dreht die Scheibe in der Mitte, wickeln sich die Fäden umeinander. Wenn es jetzt beide Enden rasch auseinander zieht, dreht sich die Scheibe so schnell, dass beide Freunde wie auf einem Bild erscheinen.

Freunde machen alles gemeinsam

Du und ich

Durch gemeinsame Aktivitäten lernen sich Freunde immer besser kennen. Ihre Freundschaft kann wachsen und tiefer werden. Laden Sie die Freunde Ihres Kindes am Wochenende zum gemeinsamen Übernachten ein. Am besten kaufen Sie Ihrem Kind einen Schlafsack, damit es seinerseits auch unproblematisch bei seinen Freunden schlafen kann. Nehmen Sie die beste Freundin oder den liebsten Freund Ihres Kindes mit auf Familienausflüge oder wenn möglich sogar mit in den Urlaub. Die gemeinsam mit »Abenteuern in der Fremde« verbrachten Tage werden beide Kinder noch mehr zusammenschweißen und lange in Erinnerung bleiben.

Freundschaftsfeste

Veranstalten Sie mit Ihrem Kind ein Freundschaftsfest, zu dem es seine Freunde einladen darf. Anlässe können der Jahrestag des Kennenlernens, eine besonders schöne Geste des Freundes oder der Abschied eines Kindes aus dem Kindergarten sein. Den Raum können Sie mit Fotos oder selbst gemalten Bildern der Freunde schmücken. Alle Kinder bekommen zu Beginn gleiche T-Shirts geschenkt, die sie auf dem Fest tragen und auf dem alle Freunde ein Autogramm hinterlassen können. Es gibt Freundschaftskuchen, auf dem mit Zuckerguss oder Schokolinsen die Namen aller Freunde vermerkt sind und natürlich stehen nur Freundschaftsspiele auf dem Programm.

Freundschaftssymbole

Kleine Geschenke, die Freundschaft symbolisieren und die der andere immer bei sich trägt, sind in Krisenzeiten tröstlich. Das kann eine bunte Murmel sein, ein kleines, selbst gemaltes Bild oder ein bunt bemalter Kieselstein. Diese Dinge werden den Freund immer daran erinnern, dass er nicht allein ist und jemand ihn gern hat. Sprechen Sie mit Ihrem Kind darüber, dass Freundschaft auch bedeutet, den anderen in schwierigen Zeiten zu unterstützen.

Geschichten über Freundschaft

Erzählen Sie Ihrem Kind Geschichten über Freundschaft. Die Literatur ist voll von Geschichten, die von unverbrüchlichen Freundschaften handeln und die Sie kindgerecht nacherzählen können: Artus und Lancelot, Winnetou und Old Shatterhand sind Helden und Freunde, wie Kinder sie lieben. Sie können auch über Ihre eigenen Erfahrungen mit Freunden erzählen: Warum haben Sie sich jemanden zum Freund oder zur Freundin gewählt? Wie hat sich diese Freundschaft bewährt?

Freundschaftszeichen

Freundschafts-T-Shirts
Kinder lieben es, die gleichen Sachen wie ihre Freunde zu tragen: Gleiche T-Shirts lassen sich mit Stoffmalfarbe bemalen oder mit Schablonen bedrucken. Besonders schön sind T-Shirts mit gemeinsamen Fotos. Dafür braucht man ein lustiges Polaroid der Freunde. Mittlerweile gibt es in jeder Stadt Läden, die T-Shirts damit bedrucken.

Freundschaftsbändchen
Auch mit bunten Freundschaftsbändchen zeigen Freunde ihre Verbundenheit. Diese Bändchen können Kinder leicht selbst knüpfen und gestalten. Die Bändchen werden um das Handgelenk geknotet und Tag und Nacht getragen.

Ideen für Freundschaftsbändchen:

- Aus drei bunten Bündeln Wolle oder Lederbändern einen Zopf flechten und dabei kleine Muscheln oder Schmuckperlen einarbeiten.
- Eine dicke Schnur oder einen Stoffstreifen mit bunten Garnen, Wollfäden, bunten Lederbändern oder Schleifenband fest und dicht umwickeln.
- Kleine Glasperlen auf drei oder vier Bänder ziehen und diese miteinander verflechten.

Bei allen Techniken an einem Ende des Bandes eine Schlaufe bilden und die Fäden am anderen Ende fest zusammenknoten, ca. 8 cm lange Fäden hängen lassen, diese durch die Schlaufe ziehen und wieder verknoten.

Geheimsprache
Gute Freunde verstehen einander auch ohne Worte – mit einer geheimen Zeichensprache. Den kleinen Finger ausstrecken kann »Ja« heißen, eine Faust »Ich gehe nach Hause«. Damit die Sprache auch wirklich geheim ist, muss sie natürlich selbst erfunden sein!

Lustig klingt es, wenn Freunde bei Gesprächen untereinander nach jedem Selbst- oder Umlaut ein »b« einfügen und dann den Selbstlaut wiederholen. Aus dem Wort »Tisch« wird so »Tibisch« und aus »Freunde« wird »Freubeundebe«. Eibein webenibig Übübubung gebehöbört dabazubu!

Streiten und versöhnen

Auch Freunde streiten immer wieder, oft wegen augenscheinlicher Nichtigkeiten. In diesen Situationen sollten Eltern am besten nicht sofort eingreifen! Streit ist für Kinder wichtig. Sie müssen lernen, ihre Konflikte selbst zu lösen und die Regeln fairen Streitens einzuüben. Eltern greifen am besten erst ein, wenn die Streitigkeiten nicht mehr zu tolerieren sind und bleiben dabei konstruktiv und unparteiisch.

Geteiltes Leid ist halbes Leid

Müssen Sie bei einem Streit eine Strafe verhängen, weil vielleicht ein handfestes Gerangel entsteht oder etwas kaputt gegangen ist, bestrafen Sie beide Parteien. Egal, wer die Vase vom Tisch gefegt hat, am Streit haben beide ihren Anteil. Und eine gemeinsam verbüßte Strafe schweißt zusammen.

Die streitenden Luftballons

Wenn ein Streit so eskaliert, dass die Kinder sich gegenseitig anschreien oder schubsen, können die »streitenden Luftballons« helfen. Jedes Kind bekommt einen andersfarbigen Luftballon, den es aufblasen und mit einem wütenden Gesicht bemalen darf. Die beiden Ballons können so richtig aufeinander eindreschen – bis sie platzen und die Wut verraucht ist.

Jürgen Keller, Vater von vier Kindern aus Zellingen bei Würzburg meint: *Kinder brauchen Eltern, die sich auch mal raushalten können. Geschwisterstreit, Freundeskreis, Clique, erste, zweite oder dritte Liebe – es gibt unzählige Themen, in denen Kinder ihre eigenen Erfahrungen machen sollen und müssen. Nur dadurch lernen sie verantwortlich, selbstbewusst zu agieren.*

Aggressionen rauslassen

Durch Streit können starke Aggressionen entstehen. Lassen Sie die Kinder ihre Wut an einem weich gefüllten alten »Wut«-Sack abreagieren oder alte Kleider und Stoffreste zerreißen.

Rollenspiele

Lassen Sie Streithähne die Rollen tauschen und die Argumente des jeweils anderen vorbringen. Dabei sind Schreien und Schimpfen verboten! Die Kinder lernen so, sich in die Lage des anderen zu versetzen. Oft weiß bei einem Streit bald niemand mehr, worum es eigentlich ging. Das wird durch einen Rollentausch schnell ans Licht gebracht.

Haustiere sind gute Freunde

Kinder, die mit Tieren aufwachsen können, lernen fürs Leben. Der Umgang mit Tieren fördert die Entwicklung sozialer Kompetenzen, denn die Kinder üben, Verantwortung zu übernehmen und Pflichten zu erfüllen. Sie können durch Tiere lernen, auf die Bedürfnisse eines anderen Lebewesens Rücksicht zu nehmen und ihre eigenen Wünsche zurückzustellen. Die Erfahrung, wichtig zu sein und gebraucht zu werden, wirkt sich positiv auf das Selbstwertgefühl aus. Kinder erleben Tiere oft als bedingungslose Freunde, die einen auch dann noch lieben, wenn man großen Mist gebaut hat. Ein Tier hört einem immer geduldig zu und Geheimnisse sind bei ihm sowieso in den besten Pfoten.

Ein Tier oder kein Tier?

Die meisten Kinder wünschen sich unbedingt ein Haustier. Doch trotz aller positiven Aspekte will die Anschaffung jedes Tieres reiflich überlegt sein. Letztlich tragen Sie als Eltern die Verantwortung für den neuen Hausgenossen. Sie haben Vorbildfunktion, denn Ihr Kind wird das Tier immer so behandeln, wie Sie es ihm vorleben. Sprechen Sie mit ihm eingehend über die Pflichten, die ein Tier für seinen Besitzer mit sich bringt. Stellen Sie sich die Frage, ob Sie Ihrem Kind das nötige Durchhaltevermögen zutrauen. Denn aus einem kleinen, kuscheligen Wollknäuel wird fix ein ausgewachsener Hase, dessen Käfig regelmäßig gesäubert werden muss. Und Ermahnungen der Erwachsenen, das Tier zu füttern, können für Ihr Kind schnell genauso langweilig werden wie ein vermeintlicher Spielgefährte, mit dem es dann doch nicht so viel anfangen kann. Ein guter Weg ist, zunächst ein Tier von Freunden in Pflege zu nehmen. So erfahren Sie selbst auch, was im Alltag auf Sie zukommt, bevor Sie eine endgültige Entscheidung treffen.

Welches Tier passt zu mir?

Haben Sie sich für die Anschaffung eines Tieres entschieden, gehen Sie mit Ihrem Kind in eine Zoohandlung oder ein Tierheim und überlegen gemeinsam, welche Tiere Ihnen sympathisch sind. Informieren Sie sich über Lebenshaltung, Platzbedarf, Arbeitsaufwand, Kosten und Lebensdauer der verschiedenen Arten. Auch das Alter Ihres Kindes spielt eine wichtige Rolle bei der Auswahl des richtigen Haustieres. Je jünger Kinder sind, desto mehr Arbeit müssen Sie als Eltern übernehmen und desto weniger sollten Sie Kind und Tier alleine lassen. Haben Sie sich einmal für eine Tierart entschieden, lassen Sie Ihr Kind seinen zukünftigen Kameraden in der Tierhandlung oder im Tierheim selbst aussuchen. Vielleicht wird sich aber auch das Tier Ihr Kind aussuchen...

Als »Einsteigertiere« für Kinder sind Kleintiere am besten geeignet. Sie brauchen relativ wenig Platz. Da ihre Lebenserwartung nicht besonders hoch ist, übernehmen Kinder die Verantwortung für einen überschaubaren Zeitraum. Die meisten Arten sind sehr soziale Lebewesen und sollten daher möglichst mit einem gleichgeschlechtlichen Partner gehalten werden. Männchen und Weibchen am besten strikt trennen, sonst ist bald reichlich Nachwuchs zu erwarten!

Kleintiere	*Wissenswertes*	*empfohlenes Alter des Kindes*
Meerschweinchen	sind geeignete »Einsteigertiere« auch für jüngere Kinder. Die freundlichen und gemütlichen Tiere dösen tagsüber gerne vor sich hin. Lebenserwartung: bis 10 Jahre.	ab 6
Kaninchen	können kratzen und beißen, brauchen sehr viel Bewegung. Ein Freigehege im Garten oder mindestens Auslauf auf einem Balkon ist erforderlich. Lebenserwartung: 7 – 10 Jahre.	ab 6
Mäuse	sind sehr klein und zierlich. Ihre Hauptwachzeiten beginnen gegen Abend. Sie bleiben tagsüber meist in ihrem Nest und können nachts einigen Krach machen. Mäuse entwickeln einen starken Eigengeruch. Lebenserwartung: 1 – 3 Jahre.	ab 8
Ratten	haben scharfe Zähne. Die intelligenten Tiere sind dämmerungsaktiv, schlafen tagsüber häufig, sind in ihren Wachzeiten aber extrem unternehmungslustig. Lebenserwartung: 4 – 6 Jahre.	ab 10
Goldhamster	sind nachtaktiv; schlafen tagsüber tief und fest. Als Haustiere eignen sie sich nur für Kinder, die länger aufbleiben dürfen. Die putzigen Tierchen machen nachts ziemlichen Radau. Den Käfig nicht ins Schlafzimmer stellen. Lebenserwartung: 2 – 3 Jahre.	13 – 14

Gefiederte Freunde

Von allen Vögeln kommen vor allem Wellensittiche und Kanarienvögel für Kinder ab etwa acht bis zehn Jahren in Frage. Vögel sind zwar muntere und putzige Tierchen, doch zum Schmusen und Streicheln eignen sie sich nicht. Beide Vogelarten sollten wenn möglich als Paar gehalten werden. Kanarienvögel werden etwa zehn, Wellensittiche oft sogar mehr als 15 Jahre alt.

Katzen und Hunde

Sie werden schnell zu voll integrierten Familienmitgliedern, die zehn, 15 Jahre oder länger Ihr Leben teilen. Wenn Sie sich eine Katze anschaffen wollen, sollte Ihr Kind mindestens drei Jahre alt sein. Machen Sie sich auf zerkratzte Möbel und Katzenhaare im Bett gefasst! Katzen lassen sich selten erziehen oder zu etwas zwingen und zeigen deutlich, wenn sie keine Lust mehr zum Schmusen oder Spielen haben. Hunde sind auch für kleinere Kinder ideale Spielgefährten, die sich eng an ihre menschlichen Freunde binden. Daher sollte man sie auch nur wenige Stunden am Tag alleine lassen. Aber auch die Kinder vor allem mit größeren Hunden nicht allein lassen! Hunde brauchen übrigens konsequente Erziehung, Auslauf und täglich viel Zuwendung.

Selbstbewusstsein macht stark

Ich bin ich!

Ein stabiles Selbstbewusstsein, ein positives Bild vom eigenen Ich und gesundes Vertrauen in die eigenen Fähigkeiten – nichts macht Kinder stärker. Junge Menschen mit einem gesunden Selbstwertgefühl können Optimismus und Lebensfreude entwickeln. Da sie Halt und Stärke in sich selbst finden, sind sie weniger anfällig für negative Einflussnahme durch andere Menschen und Gefährdungen wie Sucht oder Missbrauch.

Wie selbstbewusst ein Kind ist, hängt davon ab, welches Bild es von sich hat. Unser Selbstbild wird durch gemachte Erfahrungen bestimmt und spiegelt die Vorstellung wider, die wir von uns und unseren Fähigkeiten entwickelt haben. Selbstbewusste Menschen haben ein positives Selbstbild: Sie glauben an sich und fühlen sich stark. In den ersten Lebensjahren wird diese Einstellung vor allem von körperlichen Erfahrungen bestimmt.

Erfolg oder Misserfolg

»Ich schaff' das!« oder »Das werd' ich nie lernen!« – wie Kinder zu Herausforderungen stehen, ist abhängig davon, ob Kinder sich selbst als stark oder schwach erleben. Glauben sie an die eigenen Fähigkeiten, werden sie neue Aufgaben und Situationen als Herausforderungen betrachten und tatkräftig angehen. Selbstbewusste Kinder »trauen sich was« und lassen sich von Misserfolgen nicht so schnell entmutigen. Erfolge erfüllen sie mit Stolz und Befriedigung und stärken das Vertrauen in die eigene Person. Wer sich aber nichts zutraut, wird bei Schwierigkeiten schnell aufgeben und häufig Misserfolge erleben, was das negative Selbstbild weiter verfestigt. Allerdings ist es wichtig, auch Misserfolge richtig einzuordnen. Eltern sollten ihrem Kind Mut machen, nicht aufzugeben und es noch einmal zu versuchen. Damit geben sie ihm die nötige Unterstützung und Motivation.

Die Einschätzung der eigenen Person bestimmt auch das Bild, das andere von uns haben. Selbstbewusst auftretende Kinder, die an sich glauben, werden von den anderen gleichermaßen als stark empfunden und so behandelt. Und das wirkt auf sie zurück: Sie fühlen sich in ihrem Selbstbild bestätigt. Wer nicht an sich glaubt, wird auch von den anderen eher als Versager gesehen und bekommt entmutigende Kommentare wie »Das schafft der sowieso nicht!« zu hören.

Das Selbstbewusstsein fördern

Die Grundlage für ein gesundes Selbstbewusstsein wird schon im Kleinkindalter gegeben. Eltern können ihrem Kind helfen, Selbstvertrauen zu entwickeln, indem sie Situationen schaffen, die es erfolgreich meistern kann. Wenn sie ihrem Kind etwas zutrauen, lernt es seine eigenen Fähigkeiten – aber auch seine Grenzen – kennen. Dabei sollten Eltern unbedingt die Stärken ihres Kindes betonen. Wenn es zum Beispiel gut malen kann, regen sie es am besten zu Aufgaben an, die es in diesem Talent bestätigen.

Selbstbewusstsein und Selbständigkeit sind eng miteinander verbunden. Schon Kleinkinder streben nach Unabhängigkeit von der Hilfe der Eltern. Ein wichtiger Schritt ist das selbständige Stehen und Gehen. Das tolle Gefühl, etwas alleine tun zu können, lässt Kinder ihre eigenen Fähigkeiten erkennen und spornt zu neuen Taten an. Mit jedem weiteren Schritt in Richtung Selbständigkeit kommt ein Stückchen Vertrauen in die eigene Person hinzu.

Wichtig ist, dass Eltern ihre Kinder in der Entwicklung ihrer Selbständigkeit unterstützen. Kinder brauchen den Spielraum, Dinge selbst tun und kleine Entscheidungen alleine treffen zu können. So bekommen sie das Gefühl von Eigenverantwortung und lernen, dass ihre Handlungen Konsequenzen haben. Erfolgserlebnisse geben Sicherheit und machen stark.

»Alleine machen!«

Ob es ums Essen, eigenständige Anziehen oder Balancieren auf einer Mauer geht, sobald sie einen Löffel halten, Knöpfe schließen oder einigermaßen sicher gehen können, wollen Kinder das ganz alleine tun. Eltern sollten diesen Wunsch ihres Kindes unterstützen, auch wenn zunächst einiges daneben geht. Hilfestellung geben sie am besten nur dann, wenn das Kind danach verlangt. Nur so kann es auch seine Grenzen kennenlernen. Auch wenn es sehr viel länger dauert, bis das Kind sich alleine angezogen hat, sollten Eltern so oft wie möglich Geduld haben.

Kinder brauchen Anerkennung; sie wollen stolz sein können auf ihre Fähigkeiten. Häufige positive Rückmeldung durch seine Eltern tut einem Kind gut. Eltern loben es am besten für die Dinge, die es richtig macht und versuchen, auf Kritik lieber zu verzichten. Kritik entmutigt und häufiger Tadel lässt das Vertrauen in die eigene Person schwinden. Statt zu kritisieren, was nicht geklappt hat, loben Eltern lieber kleine Teilerfolge und spornen das Kind an, es noch einmal zu versuchen. Allerdings sollte für Selbstverständlichkeiten kein Lob ausgesprochen werden. Ansonsten verlieren Lob und Anerkennung die Bedeutung für das Kind.

Ich bin einzigartig!

Jedes Kind entdeckt im Laufe der Zeit, dass es sich von anderen unterscheidet, dass es Eigenschaften hat, die es unverwechselbar machen. Eltern sollten ihrem Kind zeigen wie aufregend die Welt dadurch wird, dass kein Mensch dem anderen gleicht. Indem sie es bei der Entdeckung der eigenen Person unterstützen, es auf seine Besonderheiten und Talente aufmerksam machen und ihm zeigen, dass sie es genau so lieben, wie es ist, helfen die Eltern ihm bei der Entwicklung seiner Identität und eines gesunden Selbstwertgefühls. Tipps und Anregungen dazu vermitteln die folgenden Seiten.

Hand- und Fußabdrücke

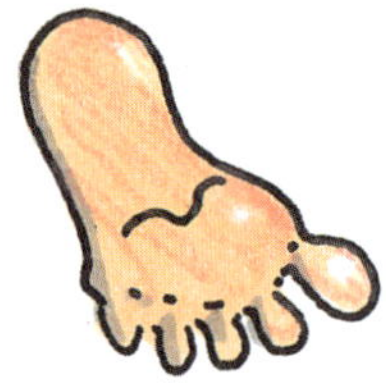

Nehmen Sie den Deckel eines Schuhkartons. Nun Gips aus dem Baumarkt anrühren und so in den Deckel gießen, dass er ganz ausgefüllt ist. Hände und Füße des Kindes sollten gut eingecremt sein. Wenn der Gips fast getrocknet ist, kann Ihr Kind zunächst die Hände und dann die Füße kräftig in die Masse drücken. Lösen Sie den Gips erst aus dem Deckel, wenn er ganz fest ist. Wenn Sie diese Abdrücke in regelmäßigen Abständen wiederholen, kann Ihr Kind daran mitverfolgen, wie es wächst. Sie können auch eine ganze Reihe von Abdrücken von Freunden oder Familienmitgliedern machen und miteinander vergleichen.

Fotoalben basteln und schmökern

Legen Sie mit Ihrem Kind gemeinsam ein Fotoalbum an, das nur für seine Bilder bestimmt ist. In das Album können auch Erinnerungsstücke wie Einladungen oder Briefe geklebt werden. Kinder lieben es, immer wieder in den Alben zu schmökern und sich Bilder von früher anzugucken. Da war ich noch ein Baby!

Vergleichen Sie, wieviel es seitdem gewachsen ist und wie es sich verändert hat! Haben sich zum Beispiel auch seine Vorlieben geändert? Sprechen Sie über die Dinge, die Sie besonders an Ihrem Kind mögen, zum Beispiel: »Du bist immer so neugierig!« Anhand von Fotos mit Freunden lässt sich gut darüber sprechen, warum es gerade diese Menschen gern hat. Fordern Sie Ihr Kind auf, bei den Erinnerungsstücken zu erzählen, warum es diese damals eingeklebt hat und wie es heute darüber denkt.

Ich kann Entscheidungen treffen!

Kleine Entscheidungen sollte das Kind selbst treffen können. Wenn seine Eltern es an Beschlüssen des Familienrats teilhaben lassen, lernt es, dass auch seine Meinung zählt und es mitbestimmen kann. Dabei sollten Eltern ihrem Kind Vorgaben machen, die seinem Alter entsprechen, denn mit einer vollkommen freien Entscheidung sind kleinere Kinder noch überfordert.

Was möchtest du?
Geben Sie Ihrem Sprössling häufig die Gelegenheit, sich zwischen mehreren Alternativen zu entscheiden. Legen Sie Ihrem Kind mehrere Kleidungsstücke zurecht und lassen Sie es auswählen, welches es anziehen möchte. Fragen Sie: »Möchtest du am Sonntag lieber in den Zoo oder auf den Rummel gehen?«

Verkehrte Welt
Bestimmen Sie einen Tag – am besten am Wochenende oder im Urlaub –, an dem Kinder und Erwachsene die Rollen tauschen. Lassen Sie Ihr Kind das Wecken übernehmen, das Frühstück zubereiten, den Tagesplan bestimmen und die Kleidungsstücke für seine »Kinder« heraussuchen. Die »Kinder« dürfen auch ruhig mal quengeln oder bocken. Besprechen Sie danach die Handlungen Ihres Kindes. Welche Entscheidung war richtig? Wie hätte es besser klappen können?

Was würdest du tun?
In schwierigen Situationen die richtige Entscheidung zu treffen, ist oft nicht leicht. Schildern Sie Ihrem Kind bestimmte Situationen, zum Beispiel »Du hast dich verlaufen«. Nun soll es Ihnen sagen, was es tun würde. Diskutieren Sie mit ihm das Für und Wider einzelner Verhaltensweisen.

Familienrat
Die Familie von Jana Rothenhäusler aus Oberpfannenstiel hält monatliche Familienkonferenzen ab und hat damit gute Erfahrungen gemacht: *Der zuständige Präsident muss rechtzeitig mit den anderen einen Termin abstimmen. Durch den gesetzten Termin kann sich jedes Familienmitglied vorbereiten. Das Kind lernt mit der Zeit, selbstbewusst sein Anliegen vorzutragen und an der Umsetzung mitzuarbeiten. Es ist aktiv in die Fortentwicklung der Familie integriert. Dies stärkt das Selbstbewusstsein des Kindes.* Die Familie von Frau Rothenhäusler hält Neuigkeiten, Lob und Tadel in einem umfunktionierten Fotoalbum fest, in dem auch die einmal aufgestellten Regeln und Vorhaben nachzulesen sind.

Ich kann das!

Kleine Kinder lieben es, im Haushalt und bei alltäglichen Erledigungen zu helfen. Eltern sollten ihr Kind bitten, ihnen behilflich zu sein: »Zu zweit geht das viel schneller«. Auch wenn zunächst eher das Gegenteil zutrifft, auf diese Weise führen sie ihr Kind an kleine Aufgaben heran. Helfen zu können und gebraucht zu werden – das gibt ihm ein positives Selbstwertgefühl. Und mit Phantasie werden aus ungeliebten Alltagsarbeiten spannende Spiele und Entdeckungsfahrten.

In den Tiefen der Spülmaschine…

Für kleinere Kinder kann es eine der ersten Aufgaben im Haushalt sein, beim Ein- oder Ausräumen der Spülmaschine zu helfen. Zunächst ist es Herausforderung genug, das Geschirr aus der Maschine zu heben und auf den Tisch zu stellen. Die nächste Aufgabe könnte sein, alle Teller oder Tassen zusammenzustellen oder das Besteck zu sortieren. Später kann das mit kleinen Spielen verbunden sein: Zuerst sollen alle Tassen, dann alle Töpfe herausgeholt oder das Geschirr der Größe nach sortiert werden… Wieviele Teller sind in der Spülmaschine?

Tischlein, deck' dich!

Beim gemeinsamen Tischdecken darf Ihr Kind jeder Person einen Platz zuweisen. Wie viele Personen werden mitessen? Was gibt es zu essen und welche Teller, welches Besteck brauchen wir dafür? Haben wir genügend Stühle? Wer soll auf dem kleinen Hocker sitzen und warum? Sie können auch einen Wettbewerb um die schönste Servietten-Faltfigur veranstalten. Oder beim Tischdecken bewusst wichtige Utensilien weglassen und Ihr Kind herausfinden lassen, was fehlt.

Staubsauger-Führerschein

Erklären Sie Ihrem Kind die Funktionsweise des Staubsaugers und üben Sie sie mit ihm. Wenn es richtig gut klappt, bekommt es einen »Staubsauger-Führerschein«, am besten richtig amtlich mit vielen Stempeln. Denn nur wer Besitzer eines solchen Führerscheins ist, darf auch staubsaugen!

Einkaufen

Wenn Sie Ihr Kind aktiv am Einkaufen teilnehmen lassen, wird aus dem Besuch im Supermarkt schnell ein aufregendes Spiel. Geben Sie ihm Aufträge, zum Beispiel die Spaghetti zu suchen und Ihnen zu bringen. Sie werden sich wundern, wie schnell es losflitzt. Größere Kinder können mitrechnen, ob das Einkaufsgeld reicht. Spaß macht Kindern auch, beim Bäcker das gewünschte Brot zu bestellen oder das Bezahlen zu übernehmen.

Ich kann anderen helfen!

Haben Kinder ihre eigenen Stärken und Schwächen erkannt, können sie lernen, auch die Schwächen anderer zu sehen und ihnen helfend zur Seite zu stehen. So machen sie die Erfahrung, dass man gemeinsam stärker ist als alleine. Indem sie anderen helfen, lernen Kinder sich selbst und das, was sie bewirken können, noch einmal neu und aus einem anderen Blickwinkel kennen.

Ich helfe dem Nachbarn!

Besuchen Sie mit Ihrem Kind einen alten Nachbarn oder Verwandten. Besprechen Sie mit diesem und Ihrem Kind gemeinsam, wie es helfen kann. Größere Kinder können vielleicht den Einkauf übernehmen oder einmal in der Woche die Blumen gießen. Kleinere Kinder können Bilder malen. Reden Sie mit Ihrem Kind darüber, warum ältere Menschen auf Hilfe angewiesen sind.

Ich helfe meinen Freunden!

Sprechen Sie mit Ihrem Kind über seine Freunde aus der Kindergruppe oder Schulklasse. Wer kann was besonders gut und was gar nicht? Wenn einer seiner Freunde zum Beispiel Angst vor der nächsten Mathearbeit hat, fragen Sie Ihr Kind, ob es nicht gemeinsam mit ihm üben möchte. Sagen Sie Ihrem Kind, dass es selbst seine Freunde auch um Hilfe bitten darf.

Wir sind für dich da!

Ein Kind stellt sich mit dem Rücken zu zwei oder drei anderen. Mit geschlossenen Augen lässt es sich nach hinten fallen und die anderen fangen es auf. Jedes Kind sollte beide Positionen kennenlernen: Wie gut es ist, von anderen aufgefangen zu werden und was es heißt, für andere da zu sein.

Balance-Akt zu zweit

Auf einem am Boden liegenden Seil balancieren gleichzeitig zwei Kinder. Jedes startet von einem anderen Ende des Seils. Wenn sich die beiden begegnen, müssen sie versuchen, aneinander vorbeizukommen, ohne dass sie den Boden berühren. Das geht nur mit gegenseitiger Hilfe.

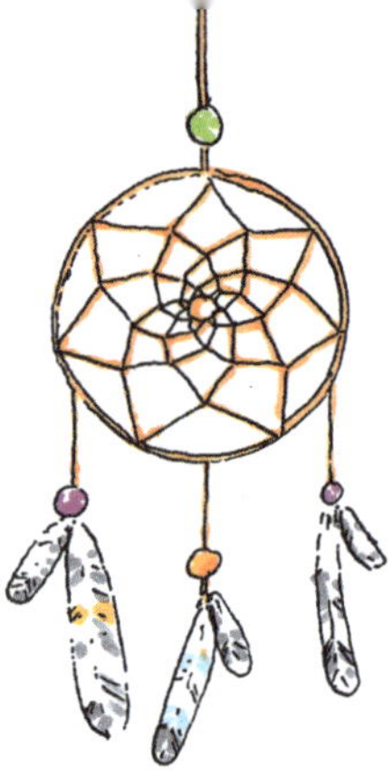

Ich bin mutig!

Zur Entwicklung jedes Kindes gehören auch Ängste, zum Beispiel vor dem Verlassenwerden, vor Monstern und Phantasiegestalten oder auch Versagensängste in der Schule. Wichtig ist dass Eltern die Ängste ihres Kindes nicht unterdrücken, sondern ihm helfen, seine Angst zu überwinden oder zu lernen, mit ihr umzugehen. Am besten vermeiden sie im Gespräch mit ihrem Kind möglichst das Wort »Angst«. Wenn sie ihm zum Beispiel sagen: »Du brauchst keine Angst zu haben«, prägt sich das Wort »Angst« ein und wird mit der Situation verbunden. Ein positives »Du schaffst das!« oder »Dir kann gar nichts passieren!« machen dagegen Mut.

Der Mut-Tunnel

Ein Kriechtunnel, lässt sich aus Stoff und ein paar kleinen, dünnen Reifen leicht selbst herstellen. Setzen Sie Ihr Kind an das eine Ende des Tunnels und sich selbst an das andere. Bauen Sie den Tunnel so auf, dass Ihr Kind zuerst nur einen halben Meter krabbeln muss, um wieder bei Ihnen zu landen. Hat es sich daran gewöhnt, können Sie die Krabbelstrecke immer länger gestalten. Dann können Sie Kurven einbauen oder den Ausgang mit einer Decke verhängen, landet Ihr Kind dann wieder sicher in Ihren Armen, wird es merken, dass man Ängste wirklich überwinden kann.

Traumfänger (*Bastelanleitung siehe rechts*)

Hat Ihr Kind Angst vor bösen Träumen? Ein »Traumfänger« kann nach alter indianischer Überlieferung helfen. Erzählen Sie Ihrem Kind, dass an einem über dem Bett aufgehängten Traumfänger nur die guten Träume vorbeikommen: Sie gleiten an den Federn sanft nach unten auf den Schlafenden herab. Die bösen Träume aber bleiben im Netz hängen und verdampfen im ersten morgendlichen Sonnenstrahl.

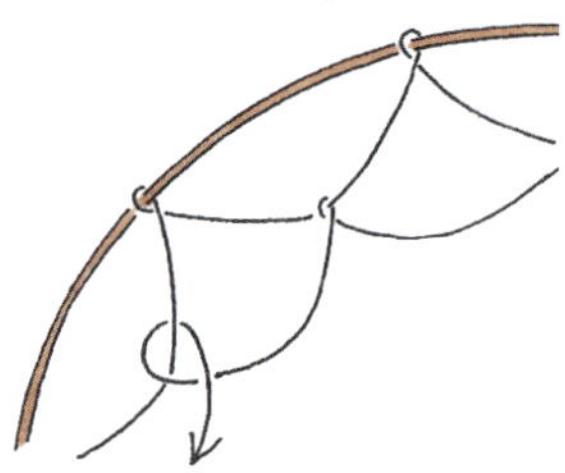

Monster-Bilder

Hat Ihr Kind Angst vor nächtlichen Monstern, fordern Sie es auf, diese Monster zu malen. Sprechen Sie mit ihm darüber, was an dem Monster so bedrohlich ist. Sie können Ihrem Kind auch eine Blumenspritze mit Wasser ans Bett stellen. Sollte sich ein Monster seinem Bett nähern, braucht Ihr Kind es nur kräftig mit Wasser zu bespritzen, um es in die Flucht zu schlagen. Denn bekanntlich sind alle Monster extrem wasserscheu!

Mutmach-Geschichten

Erzählen Sie Ihrem Kind Geschichten darüber, wie Sie auch einmal vor etwas Angst hatten und wie Sie Ihre Ängste überwunden haben. Waren diese Ängste vielleicht nur eingebildet? Reden und lachen Sie gemeinsam mit ihm über Ihre oder seine überwundenen Ängste.

Bastelanleitung

1. Reifen aus Holz oder Metall von 5-15 cm ø mit buntem Band aus Wolle, Leder, Stroh oder Bast umwickeln.

2. Dünnen Faden an den Reifen knoten. Mit einer Nadel von vorne nach hinten über den Reifen führen, dann durch die Schlaufe, die sich dadurch gebildet hat. Im Abstand von 2-3 cm um den gesamten Ring setzen.

3. Zweite Runde: Schlaufen in der Mitte der Schlaufen der ersten Reihe anbringen. Die Schlaufen der zweiten Reihe etwas fester ziehen, so ergeben sich kleine Rautenformen.

4. Reihe für Reihe so vorgehen, bis sich ein Netz bildet. Evtl. Perlen, Pailletten oder andere kleine Gegenstände einarbeiten. In der Netzmitte ein Loch für die guten Träume lassen.

5. Zum Schluss mit Federn und bunten Perlen verzieren. Mit Perlonfaden an der Decke befestigen.

Schüchternheit muss nicht sein!

Viele Kinder, die dem Alter der »Fremdel«-Phase längst entwachsen sind, reagieren auf fremde Menschen und unbekannte Situationen mit Schüchternheit und Zurückhaltung. Das ist eine ganz natürliche und sinnvolle Schutzfunktion. Ist ein Kind aber allzu verschlossen, können seine Eltern ihm helfen, sich zu öffnen und Kontakt zu seinen Mitmenschen aufzunehmen. Natürlich muss es seinen eigenen Weg im Umgang mit anderen Menschen finden. Eltern können ihrem Kind aber positive Verhaltensweisen zeigen und Brücken bauen.

Die Einladung
Fordern Sie Ihr Kind auf, einige Spielkameraden zu sich nach Hause einzuladen. Hier hat es den Heimvorteil: Es kennt sich aus und kann den anderen Kindern Spielangebote machen. Bereiten Sie gemeinsam mit ihm Aktivitäten vor, die es besonders gut beherrscht und die seinen Talenten entsprechen.

Kontaktaufnahme
Tritt Ihr Kind das erste Mal mit fremden Menschen in Kontakt, können Sie ihm helfen, indem Sie in der Nähe bleiben. Dabei sollten Sie aber keine aktive Rolle übernehmen. Lassen Sie Ihr Kind gewähren und greifen Sie nur im Notfall ein. Das Wichtigste ist, dass Sie ihm durch Ihre Anwesenheit den Rücken stärken.

Luftballontreten
Binden Sie sich und Ihrem Kind je einen Luftballon um einen Fußknöchel. Es können auch mehrere Kinder mitspielen. Es geht darum, den Ballon des anderen mit dem Fuß zu zertreten. Das kostet ganz schön Überwindung und Durchsetzungskraft!

Einen kleinen Kunstgriff ließ sich Monika Imhoff aus Dortmund einfallen: *Meine Tochter ist sehr schüchtern. Meine Gartenfeste waren ihr immer sehr unangenehm und sie versteckte sich meist, um nicht angesprochen oder womöglich gestreichelt zu werden. Ich kaufte eine Servierschürze (...) und stattete sie mit einem Tablett aus. Gern sammelte sie dreckiges Geschirr ein, füllte Knabbereien auf, goss Getränke nach und fragte sogar gelegentlich, was sie bringen durfte. Wir hatten natürlich alles vorher geübt. Wenn ihr jemand zu bedrängend wurde, konnte sie sich somit auch ohne Gesichtsverlust verdrücken und vor allem wiederkommen. Sie genoss das Lob der Gäste. Diese strukturierte Aufgabe hat ihr Halt gegeben und erleichterte ihr, Kontakte selbständig zu knüpfen bzw. »auszuhalten«.*

Ich kenne meine Gefühle!

Emotional unsichere Menschen finden sich in ihren Gefühlen nicht zurecht. Sie können auf Trauer, Wut, Angst oder Zuneigung nicht angemessen reagieren und lassen sich stattdessen davon treiben oder lähmen. Um zu selbstbewussten Menschen heranzuwachsen, müssen Kinder den Umgang mit ihren Gefühlen üben. Dazu sollten sie zunächst die grundlegende Fähigkeit entwickeln, sich ihrer Emotionen überhaupt bewusst zu werden. Erst dann können sie lernen, diese zu verarbeiten und kompetent mit ihnen umzugehen. Genauso wichtig ist es, die Gefühle anderer zu erkennen und auf sie einzugehen.

Der Flieger

Legen Sie sich auf den Rücken, strecken Sie die Beine in die Luft und winkeln Sie die Unterschenkel an. Ihr Kind kann sich nun bäuchlings auf Ihre Schienbeine legen. Sie halten es an den Händen fest und schon kann der Flug losgehen. Sie können die Flughöhe durch Heben und Senken der Beine variieren oder auch den Flieger kräftig durchschütteln. Ihr Kind merkt, dass es sich Ihnen anvertrauen kann.

Einen »Launometer« hat Dörte Dittmer aus dem brandenburgischen Wünsdorf-Waldstadt mit ihrer Familie gebastelt, *auf dem jeder seine Gefühle einstellen kann, wenn er sie nicht direkt äussern möchte oder kann. (...) Kinder brauchen Freiräume, in denen sie Gefühlen wie Wut, Ärger, Enttäuschung, Zorn freien Lauf lassen können, ohne Schaden anzurichten – sei es eine Tobe-Ecke, ein »Wutsack«, auf den man einhauen kann, ein »Wutball«, den man zerknautschen kann...*

Gefühlsbarometer

Auf einen Pappteller malt Ihr Kind zwei Augen und eine Nase. Wo eigentlich der Mund sein müsste, schneiden Sie ein Viertel des Tellers weg. Ein zweiter Pappteller wird in vier Viertel unterteilt. In jedes Viertel malt Ihr Kind einen anderen Mund: einen lachenden, einen traurigen, einen wütenden und einen ernsten. Nun werden beide Teller hintereinander – der mit dem fehlenden Viertel kommt nach oben – mit einer Flachkopfklammer (Bürobedarf) befestigt. Nun können Sie eine Geschichte aus Ihrer Kindheit erzählen oder etwas, das Ihnen heute widerfahren ist. Ihr Kind soll die dazu passenden Gefühle durch Drehen auf dem Gefühlsbarometer einstellen. Dann ist es selbst dran. Was hat es heute erlebt? Welche Gefühle hat das hervorgerufen?

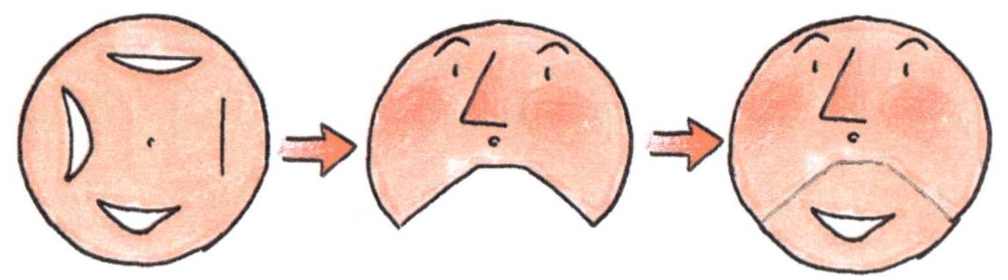

Der Adler
Ein Kind legt sich mit ausgestreckten Armen auf den Boden; die anderen heben es vorsichtig an und tragen es durch den Raum. Der »Adler« muss seinen Trägern vertrauen. Er muss spüren, wie er sich für sie am leichtesten machen kann. Die anderen Kinder müssen auf den »Adler« und aufeinander achten, damit sie sich nicht in die Quere kommen. Ist der Adler am Ziel, kann er ganz sanft landen.

Wie ginge es dir an meiner Stelle?
Mit dieser Übung lernen Kinder, sich in die Gefühle anderer Menschen hineinzuversetzen. Machen Sie den Anfang, zum Beispiel: »Das war meine allerschönste Lieblingsvase. Jetzt ist sie kaputt...«. Bitten Sie Ihr Kind sich vorzustellen, es wäre an Ihrer Stelle. Wie würde es sich fühlen? Und was würde es jetzt als nächstes tun? Danach sind Sie dran. Versuchen Sie, sich in die Rolle Ihres Kindes zu versetzen, vielleicht am ersten Schultag oder als es nicht in die Sportmannschaft gewählt wurde.

Katz' und Maus
Ein Kind ist die Katze, eines die Maus. Die anderen Kinder bilden einen Kreis. Sie können gut verstehen, dass die Maus Angst vor der Katze hat und bieten ihr deswegen Unterschlupf innerhalb des Kreises. Die Katze, die die Maus fangen will, muss versuchen, in den Kreis hineinzukommen. Die Kinder versuchen, das zu verhindern. Ist es der Katze doch gelungen, in den Kreis zu gelangen, können die Kinder der ängstlichen kleinen Maus schnell ein Schlupfloch schaffen, so dass sie aus dem Kreis fliehen kann. Das wird der Katze natürlich möglichst nicht gestattet.
Wird die Katze die Maus trotz der Hilfe der Kinder fangen? Danach werden die Rollen getauscht, damit Katze und Maus auch die Situation der »Gegenseite« erleben.

Luftballonstaffel
Zwei Kinder sollen einen aufgeblasenen Luftballon über eine bestimmte Strecke transportieren, ohne ihn mit den Händen zu berühren. Zuerst müssen sie ihn irgendwie vom Boden aufheben und dann können sie ihn Kinn an Kinn, Ohr an Ohr oder Bauch an Bauch ins Ziel tragen. Das funktioniert nur, wenn jeder Spieler genau auf den anderen achtet.

Ich kann mich durchsetzen!

Kinder müssen einerseits lernen, sich anzupassen und einer Gruppe unterzuordnen. Auf der anderen Seite müssen sie sich durchsetzen und eigene Interessen vertreten können. Oft ist es gar nicht so leicht herauszufinden, wann welche Verhaltensweise gefordert ist. Vielen Kindern bereitet das Anpassen kaum Probleme. Ihnen fällt es viel schwerer, sich anderen gegenüber zu behaupten und eine eigene Meinung auszusprechen.

Rollenspiele

Spielen Sie mit Ihrem Kind zu Hause einige Situationen durch, in denen es darauf ankommt, sich durchzusetzen, zum Beispiel: »Ein älteres Kind will meinen Ranzen ausschütten«, »Zwei Mitschüler lachen mich aus« oder »Der Lieblingsstift meines Bruders ist weg und er glaubt, dass ich ihn habe«. Besprechen Sie mit Ihrem Kind, wie es sich am besten verhält.

Ein Bild zu zweit

Zwei Kinder sollen gemeinsam ein Bild malen. Sie bekommen ein Blatt Papier und nur einen Stift, den sie gemeinsam halten müssen. Sie dürfen beim Malen nicht miteinander sprechen. Was für ein Bild entsteht? Wer setzt sich durch?

Klammerspiele

Alle Familienmitglieder oder mehrere Kinder stecken sich Wäscheklammern an die Kleidung; am besten dorthin, wo andere sie schlecht erreichen können. Auf ein Startsignal sollen alle versuchen, sich gegenseitig die Klammern zu stehlen. Wer einem anderen eine Klammer abnehmen konnte, steckt sie sich selbst an. Der Spieler, der am Ende die meisten Klammern vorweisen kann, hat gewonnen.

Flohmarkt

Zwei Kinder bauen einen Flohmarktstand mit ihrem Spielzeug auf. Die anderen oder Sie als Eltern sind die Käufer. Die Verkäufer müssen nun versuchen, ihre Waren anzupreisen und möglichst viel Geld dafür zu bekommen. Die Käufer haben die Aufgabe, möglichst skeptisch und kritisch zu reagieren. Danach werden die Rollen getauscht. Wem ist es am besten gelungen, die anderen zu überzeugen?

Ich darf »Nein« sagen!

Eine Variante des Durchsetzungsvermögens ist es, »Nein« sagen zu können. Hier geht es nicht um das trotzige »Nein«, das Kinder ihren Eltern gerne entgegenschmettern, wenn es sich um unliebsame Aufgaben wie das Aufräumen des Kinderzimmers handelt. Vielmehr sollen Kinder ihre Ablehnung deutlich machen können, wenn Erwachsene ihnen etwas aufzwingen wollen, das ihnen wirklich, auch körperlich unangenehm ist. Das deutlich auszusprechen, vor allem »Großen« gegenüber, fällt Kindern oft schwer. Aber sie müssen lernen, eigene Grenzen zu setzen. Eltern sollten ihrem Kind deutlich machen, dass es das Recht hat, »Nein« zu sagen.

Der Kasper spricht für mich

Sie können mit Ihrem Kind das »Nein«-Sagen zu Hause üben. Spielen Sie mit ihm Konfliktsituationen nach, in denen es deutlich aussprechen muss, dass es etwas nicht will. Hilfreich kann dabei eine Handpuppe sein, vielleicht eine Kasperlefigur. Sie kann in folgendem Rollenspiel stellvertretend für das Kind sprechen:

- »Onkel Lutz will, dass ich auf seinem Schoß sitze. Ich mag das nicht.«
- »Die Mutter von Max nebenan will, dass ich mit ihm spiele. Ich will aber nicht.«
- »Oma spuckt auf's Taschentuch und putzt mir den Mund ab. Das finde ich eklig.«

Überlegen Sie gemeinsam, wie Ihr Kind den anderen am besten deutlich macht, dass es das nicht will. Sprechen Sie mit ihm auch darüber, wie es sich dabei fühlt.

Distanz-Test

Üben Sie mit Ihrem Kind, seine eigenen Grenzen kennenzulernen. Wie nah darf eine fremde Person ihm kommen? In einem Rollenspiel können Sie den Fremden spielen. Eine Verkleidung mit Mantel und Hut hilft der Vorstellungskraft. Gehen Sie nun, ohne mit ihm zu sprechen, langsam auf Ihr Kind zu. Wann kommen Sie ihm zu nahe? Üben Sie mit ihm, laut »Stopp!« zu sagen. Durch vor den Körper gehaltene Hände, einen festen Stand und entsprechende Mimik kann das »Stopp!«-Signal noch verstärkt werden. So können Sie verschiedene Situationen – Fahrt mit dem Schulbus, Begegnung auf der Straße oder im Park – durchspielen.

Das Krokodil vom Nil

Mehrere Kinder halten eine Decke, unter der ein anderes Kind verschwindet. Es spielt das Krokodil. Das Krokodil zwickt nun ein Kind beispielsweise in den Fuß. Der »Gebissene« muss laut aufschreien, um das Krokodil zu vertreiben. Doch das ist gar nicht so leicht! Um so ein Krokodil einzuschüchtern, muss man ganz schön laut schreien können. Dann tauschen die beiden die Rollen.

Ein Geschenk für Tante Engela

von Karin Schäufler, Diplom-Pädagogin, freie Texterin und Autorin aus Frankfurt am Main

Marie sitzt in ihrem Zimmer und stapelt Bauklötzchen. Es klingelt und Mama eilt zur Haustür.

»Hallooo! Ich bin es! Eure liebe Tante Engela!«

Maries Bauklötzchenturm bricht augenblicklich zusammen.

»Ach, meine Lieben! Ich hab' euch soo vermisst!« trällert Tante Engela. Die Haustür wird zugeworfen und eine Tasche plumpst im Flur zu Boden. Mama murmelt etwas Unverständliches, als auch schon die Tür zum Kinderzimmer aufgerissen wird.

»Wo ist denn mein Mariechen?« flötet Tante Engela und breitet die Arme aus.

Marie läßt das Bauklötzchen in ihrer Hand fallen, krabbelt in Windeseile in die Höhle unter ihrem Hochbett und zieht den Vorhang zu.

»Huhu! Mariechen! Hallöchen!« Tante Engela stürmt herein, kniet sich vor Maries Versteck und schiebt ihren Kopf durch einen Spalt im Stoff.

»Kuckuck! Ich bin es! Deine liebe Tante Engela!« Eine Hand grapscht nach Marie, die sich in die hinterste Ecke verzogen hat. Mama tritt hinter Tante Engela und räuspert sich.

»Engela, komm' doch erst einmal mit in die Küche. Ich mache uns einen Kaffee!« sagt Mama und tippt ihr dabei auf den Rücken.

»Das ist eine ganz wunderbare Idee!« jauchzt Tante Engela und krabbelt rückwärts.

Kurz darauf hört Marie ihre Tante in der Küche plappern. Marie steckt ihren linken Zeigefinger ins linke Nasenloch. Das tut sie immer, wenn sie nicht weiß, was sie tun soll. Vorsichtig kriecht sie schließlich aus der Höhle und tappt leise zur angelehnten Küchentür.

»Wie schön ihr es doch habt!« ruft Tante Engela gerade und haut mit den Fäusten auf den Tisch. Das Geschirr scheppert und wackelt. Mama zuckt zusammen und lächelt dabei so komisch. Marie steckt den rechten Zeigefinger ins rechte Nasenloch und ist ratlos. Ihr fällt ein, dass Papa nach dem letzten Besuch von Tante Engela ganz schlechte Laune gehabt hatte und gesagt hatte, diese Frau wäre eine Krawallschachtel und außerdem noch unerträglich. Und Mama hatte tief geseufzt und genickt.

Huch! Die Küchentür steht plötzlich offen und Tante Engela kreischt:

»Da ist ja mein Mariechen!« Sie packt Marie und stemmt sie in die Höhe.

Ei-ei-ei. Wie groß du geworden bist und so hübsch, denkt Marie, als ihre Tante es auch schon ausspricht: »Ei-ei-ei! Wie groß du geworden bist! Und so hübsch!«

Marie zieht eine Grimasse und blickt verzweifelt zu ihrer Mutter, die hilflos mit den Schultern zuckt. Schmatzend küsst Tante Engela Marie rechts und links auf die Wangen und lässt sie wieder zu Boden plumpsen.

»Ob Tantchen was für dich dabei hat?« fragt Tante Engela lächelnd und stürmt an Marie vorbei zu der großen Tasche im Flur. Der Arm von Tante Engela taucht in die Tasche und ihre Hand wühlt darin herum. Dann bringt sie ein verknittertes Päckchen zum Vorschein. Bestimmt wieder warme Socken und Schokolade, denkt Marie. Genau wie beim vorletzten und letzten Besuch...

»Warme Socken und was Süßes für meine Süße!« zwitschert da die Tante und drückt der schlechtgelaunten Marie das Geschenk in die verschränkten Arme.

Marie zieht wieder eine Grimasse und glaubt, dass diese Socken genau wie die vorherigen wieder viel zu groß sein werden und dass die Schokolade bestimmt wieder die mit dem bitteren Geschmack ist, die Marie überhaupt nicht mag. Überhaupt gar nicht! Igitt! Pfui! Bäh!

Tante Engela lacht und gibt Marie einen Klaps auf den Po. Marie zuckt zusammen. Mama zieht wartend die Augenbrauen nach oben und nickt Marie energisch zu. »Sag' Danke!« formt sie lautlos mit den Lippen.

»Danke«, murmelt Marie und trottet mitsamt dem Päckchen in ihr Zimmer, während ihre Tante nun auch noch lauthals zu singen anfängt.

Marie schließt die Tür ganz fest, lässt sich auf die Knie fallen und reißt das Geschenkpapier herunter. Und: Rote Socken – natürlich viel zu groß – und eine Tafel grauschwarze Schokolade »Zartbitter«. Na bitte. Marie schmeißt die Sachen einfach hin.

Der linke Zeigefinger geht auf Wanderschaft in Richtung linkes Nasenloch. Und dann hat Marie eine Idee. Schließlich kann es so mit Tante Engela nicht weitergehen. Und wenn die Erwachsenen sich nicht trauen, der Tante zu sagen, dass sie eine Krawallschachtel ist und außerdem noch unerträglich, dann muss jetzt eben Marie aktiv werden. Die Dinge selbst in die Hand nehmen, nennt Papa das. Und Marie nimmt die Socken in die Hand. Jeweils eine rote, eine grüne und eine blaue, viel zu große, völlig überflüssige Krawallschachtelsocke.

Auf ein großes Blatt Papier klebt Marie nun die Socken auf. Dazu verbraucht sie fast den gesamten Kleber, denn erst wollen sie gar nicht so recht halten und lösen sich immer wieder vom Papier. Aber dann hat es Marie geschafft. Die Socken kleben ganz fest. Jetzt packt Marie die Igitt-Pfui-Bäh-Schokolade aus, zerbricht sie in kleine Stücke und klebt alles zwischen, unter, über und neben die Socken auf das Papier.

So. Geschafft. Zufrieden betrachtet Marie ihr Werk. Mit einem dicken Filzstift kritzelt sie M A r i E in eine freie Ecke, rollt das Papier zusammen und wickelt ein Band darum. Knoten, Schleife und fertig ist das Geschenk. Ein Geschenk für Tante Engela.

Marie spaziert mutig ins Wohnzimmer, wo Tante Engela am Fenster steht und noch immer ihr scheußliches Lied trällert. Mama ist im Keller mit der Wäsche beschäftigt, und das ist Marie gerade recht.

»Da!« sagt Marie energisch, drückt der verdutzten Tante die klebrige Schokosockenpapierrolle in die Arme und gibt ihr noch einen Klaps auf den Po. Bevor Tante Engela etwas sagen kann, ist Marie schon wieder verschwunden und verkriecht sich in ihrer Höhle.

Marie wartet ab. Draußen ist es still. Sehr still. Zu still. Unheimlich still.

Und es bleibt still. Maries Zeigefinger gehen abwechselnd auf Wanderschaft.

Links, rechts, links, rechts, links, rechts. Schließlich krabbelt sie unterm Bett hervor, stopft die drei verbliebenen Socken in die Kommode, räumt den Kleber und den Filzstift weg und merkt, wie es in ihrem Bauch zu grummeln beginnt. Wenn Marie ein schlechtes Gewissen hat, dann beginnt es immer in ihrem Bauch zu grummeln und nun überlegt sie, ob die Sache mit dem Schokosockenpapierrollengeschenk und dem Klaps auf den Po vielleicht doch nicht so eine tolle Idee gewesen ist...

Aber irgendwann musste ja irgend jemand mal klarstellen, dass Kinder wie Marie nicht Mariechen heißen, einfach keine Krawallschachtelgeschenke mit riesengroßen Socken und bitterer Schokolade mögen, nicht auf den Po geklapst werden wollen und es auch kein bisschen lustig finden, mit völlig überflüssigem »Ei-ei-ei, wie groß du geworden bist, und so hübsch – Geplapper« überschüttet zu werden. Und diese Küsserei – Nein, danke. Igitt. Pfui. Bäh.

Trotzig stapelt Marie den Bauklötzchenturm von Neuem aufeinander.

»Marie?« Es klopft zaghaft an der Kinderzimmertür. Maries Bauch grummelt jetzt ganz arg, aber sie stapelt tapfer weiter Bauklötzchen. Langsam öffnet sich die Tür und Tante Engela steckt den Kopf herein. Sie guckt ganz ernst, kreischt und trällert nicht.

»Darf ich reinkommen?« fragt sie. Marie antwortet nicht und der Turm wackelt bedenklich. Tante Engela kommt näher und der Turm kippt um. Maries rechter Zeigefinger landet im rechten Nasenloch. Der Bauch grummelt ganz laut. Und dann beginnt Tante Engela einfach zu erzählen. Von ihrer Zeit als Kind und was sie am liebsten gespielt hat, was sie gar nicht mochte und was sie so angestellt hat. Sie schaut sich alles in Maries Zimmer genau an und fragt und fragt, staunt und hört Maries Erklärungen aufmerksam zu. Doch sie sagt kein Wort von der klebrigen Schokosockenpapierrolle.

Eigentlich ist Tante Engela ja ganz nett, denkt Marie plötzlich und findet diesen Nachmittag nun richtig schön. Nur der Bauch grummelt noch immer leise...

Da fasst sich Marie schließlich ein Herz, kramt die drei restlichen Socken aus der Kommode und hält sie der Tante wortlos vor die Nase. Tante Engela lächelt.

»Ich hab' eine prima Idee!« sagt sie plötzlich. Sie erklärt Marie, wie man aus Socken tolle Handpuppen basteln kann und schon sitzen die beiden mit roten Wangen über ihrer Arbeit. Die blaue Socke ist zuerst fertig und von nun an ein eindrucksvolles Unterwassersockenseeungeheuer mit Fransen am Mund.

Aus der roten Socke wird eine gefährliche Feuerdrachenfrau mit Schleife auf dem Kopf und die grüne Socke verwandelt sich in einen lustigen Frosch mit einem riesigen Maul und Glotzaugen. Marie und Tante Engela schlüpfen mit den Händen in die Sockentiere und spielen eine abenteuerliche Geschichte. Gerade als der Frosch sein Maul aufsperrt und dem Unterwassersockenseeungeheuer gehörig seine Meinung sagen will, kommt Mama ins Kinderzimmer.

»Was ist denn hier los?« fragt sie und wundert sich.

»Muss ich schon gehen?« fragt die rote Feuerdrachenfrau mit Schleife und hält den Kopf bedauernd schief. Mama nickt und Tante Engela streift die Handpuppen ab.

»Schade«, brummt Marie und lässt den Frosch hängen, aber die Tante will den letzten Zug nicht verpassen und sucht ihre Sachen zusammen.

Marie begleitet Tante Engela noch zum Gartentor.

»Ei-ei-ei«, sagt Tante Engela und zwinkert Marie zu. »Ich bin wohl manchmal eine unerträgliche Krawallschachtel, was, Mariech..., äh, Marie? Aber das wird sich jetzt ändern. Kein Klaps mehr und nie mehr Socken und Zartbitterschokolade und so. Riesengroßes Unterwassersockenseeungeheuerehrenwort!«

»Tschüs!« sagt Marie traurig und schüttelt Tante Engelas Hand.

»Tschüüüs!« trällert Tante Engela, winkt und verschwindet mit ihrer großen Tasche in der Dunkelheit. Marie läuft mit dem baumelnden Frosch an ihrem Handgelenk zurück ins Haus.

Als Maries Vater kurze Zeit später nach Hause kommt, möchte er wissen, wie denn der Tag mit Tante Engela so gewesen sei. Marie kichert und bekommt einen roten Kopf. Ihr Vater schaut verdutzt und runzelt die Stirn.

»War was Besonderes?« fragt er neugierig.

Marie räuspert sich, holt tief Luft und sagt dann ganz ernst: »Ich hab' die Socken, äh, die Sache in die Hand genommen.« Und schon prustet sie wieder los. Sie lacht und lacht und kann gar nicht mehr aufhören zu lachen. Papa und Mama verstehen nun gar nichts mehr und blicken ratlos auf Marie, die jetzt mitsamt dem Frosch quakend, kreischend und kichernd durchs Wohnzimmer hüpft und springt.

»Ist ja unerträglich!« Mama hält sich grinsend die Ohren zu.

»Was für eine Krawallschachtel!« sagt Papa und bricht dann auch in Lachen aus.

Tempo's kreative Welt

Hier wird Kreativität groß geschrieben

Die bekannte Papiertaschentuch-Marke mit dem blau-weißen Logo engagiert sich seit 1999 für die Kreativitätsförderung von Kindern in Deutschland, Österreich und der Schweiz. Dabei sind interessante Projekte entstanden, für die namhafte Schirmherren wie Paul Maar, Autor der »Sams«-Geschichten, Christian Berg, bekannter Kindermusik-Theatermacher, und Kooperationspartner wie die Stiftung Lesen gewonnen werden konnten. Grund genug, mehr über die Initiative zu erfahren. Sprecherin Nina Knecht erläutert Hintergrund und Inhalte.

Frage: *Wofür engagiert sich die Initiative?*

Antwort: Wir haben uns die spielerische Förderung der Kreativität von Kindern und Jugendlichen im Alter zwischen sechs und 14 Jahren zum Ziel gesetzt. Kreativität ist nicht beschränkt auf Künstler, Erfinder und Wissenschaftler. In jedem Menschen schlummern kreative Fähigkeiten. Mit unserer Initiative möchten wir uns deshalb langfristig für die Kreativitätsförderung von Kindern und Jugendlichen engagieren.

Frage: *Welche Aktionen wurden mit der Stiftung Lesen durchgeführt?*

Antwort: Kreativität ist ein weites Feld. In jedem Jahr stehen die Aktionen daher unter einem neuen Motto. In den beiden ersten Jahren wurden gemeinsam mit der Stiftung Lesen Geschichten-Wettbewerbe durchgeführt. Die Schirmherrschaft für das erste Projekt übernahm der Kinderbuchautor Max Kruse, bekannt als der geistige Vater von »Urmel«. Mehr als 5000 Kinder folgten Anfang des Jahres 2000 dem Aufruf, »Geschichten zum Lachen und Weinen« zu erfinden. Eine prominent besetzte Jury wählte die schönsten Geschichten aus. Sie wurden gemeinsam mit Beiträgen von bekannten Autoren in dem Buch »Tempo Lesespaß – Geschichten zum Lachen und Weinen« veröffentlicht. Ein großer Vorlese-Sonntag bildete den Abschluss dieses ersten Projektes.

Nach dem großen Erfolg wurde im Jahr 2001 ein weiterer großer Geschichtenwettbewerb ins Leben gerufen. Er stand unter dem Motto »Spürnasen«. Als Schirmherr der Aktion konnte dieses Mal Paul Maar gewonnen werden, der Autor der »Sams«-Geschichten.

Frage: *Unter dem Dach der Initiative haben noch weitere Maßnahmen einen Platz gefunden. Können Sie uns kurz erzählen, worum es dabei geht?*

Antwort: Nach den Geschichten-Wettbewerben ist das Theaterspielen ein zweiter großer Schwerpunkt der Initiative Das aktive Mitmachen beim Theaterspielen verhilft Kindern zu mehr Selbstwertgefühl und gibt ihnen die Möglichkeit, sich besser wahrzunehmen und auszudrücken. Bei der Rollen- und Aufgabenverteilung berücksichtigen wir die Wünsche und Neigungen jedes teilnehmenden Kindes. Unter professioneller Anleitung kann es seine handwerklichen Fähigkeiten, sein kreatives Denken und sein sozial-kommunikatives Talent entfalten.

Frage: *»Tempo's kreative Welt« machte Kinder zu Musical-Darstellern. Wie wurde dieses Projekt umgesetzt?*

Antwort: Das Thema Musical bietet Raum für die verschiedensten Formen der kreativen Betätigung. Unter der Schirmherrschaft des bekannten Kindermusik-Theatermachers Christian Berg wurde im Jahr 2002 ein Musical-Projekt realisiert. Kinder zwischen sechs und 14 Jahren, die sich mit einer selbst besungenen Kassette, einer Tanzeinlage auf Video oder mit einem selbst gemalten Bild beworben hatten, konnten mit etwas Glück einen Einblick in verschiedene Bereiche des Musicals wie Singen, Tanzen, Schminken und Gestalten von Bühnenbildern erhalten und selbst aktiv werden. Dabei ging es nicht um perfekte Darbietungen, sondern vor allem um die Freude am Mitmachen und Dabeisein.

Frage: *Das Jahr 2003 wird in jeder Hinsicht »zauberhaft«. Welche Aktionen sind genau geplant?*

Antwort: Zauber und Magie haben die Menschen schon immer fasziniert und ihre Phantasie beflügelt. Die Initiative realisiert daher seit Herbst 2002 ein Projekt, das die magische Fantasie mit dem Rollenspiel verbindet. Kinder im Alter zwischen sechs und 14 Jahren werden dazu aufgerufen, im Rahmen eines Wettbewerbs Märchenfiguren zu erfinden. Mit professioneller Hilfe werden dann Geschichten rund um diese Figuren geschrieben und von Kindern in einem Rollenspiel zum Leben erweckt. Die Kinder erschaffen sich so ihre eigene Fantasiewelt, die für die Dauer eines Rollenspiels Wirklichkeit wird …

Mehr Informationen sind erhältlich über: www.tempo-web.de und über die E-Mail-Adresse TemposKreativeWelt@webershandwick.com.

Spielen ist kein Zeitvertreib

Ein ganzes Kapitel zum Thema Spielen? Kinder spielen immer und von ganz allein, das hat nichts mit Entwicklungsförderung zu tun – oder etwa doch? Es hat sogar eine ganze Menge damit zu tun! Denn Spielen ist für Kinder kein bloßer Zeitvertreib. Sie lernen im Spiel, sie verarbeiten Erlebnisse im Spiel, sie begreifen Zusammenhänge im Spiel. Kurzum: Kinder erschließen sich die Welt Stück für Stück im Spiel. Spielen macht Kinder stark und schlau – Grund genug zu überlegen, was Spielen für Kinder bedeutet und warum es so wichtig für sie ist.

Eltern und Kinder spielen von Anfang an miteinander. Denn was ist es anderes als Spielen, wenn Eltern sich über ihr Baby beugen, seine Gurrlaute nachahmen und auf eine Reaktion des Babys warten? Das Baby wiederum imitiert die Töne der Eltern und beide Seiten sind begeistert von dieser ersten Interaktion. Sobald das Baby im Hochstuhl sitzt, kommen andere Spielformen wie das »Kuckuck – wo ist der Papa?«-Spiel an die Reihe. Eltern erkennen ganz ohne Anleitung, welche Spiele ihr Kind gerade liebt. Denn das glucksende Lachen ihres Sprösslings ist ihnen einige Mühe wert. Und fordert das Baby sie mit seinen jauchzenden Lauten nicht geradezu auf, weiter zu spielen? Babys erleben die Freude am Spiel von Beginn an im Austausch mit ihren Eltern. Familienforscher sprechen heute davon, dass Spielen eine Fähigkeit ist, die Kinder erst lernen müssen. Und zwar von und mit ihren Eltern.

Kinder spielen zwar von sich aus und auch allein. Trotzdem genügt es nicht, eine Spielecke einzurichten und erst dann gemeinsam mit dem Kind zu spielen, wenn es einen gewissen Entwicklungsstand erreicht hat. Um durch das Spielen zu lernen und durch Spielen in jeder möglichen Weise gefördert zu werden, brauchen Kinder vielmehr von Anfang an den ständigen Kontakt mit ihren Eltern. Je intensiver sich das Spiel des Kleinkindes in und mit der Familie entfaltet, desto besser ist das Kind für die weiteren Entwicklungsphasen gerüstet. Denn Spielfähigkeit ist keine Eigenschaft, die plötzlich – etwa im Sinne eines angeborenen Spieltriebes – vorhanden ist. Sie entwickelt sich vielmehr in dem Maße, in dem die Bezugspersonen für entsprechende Anregungen sorgen.

Prof. Dr. Wassilios E. Fthenakis,
Leiter des Staatsinstituts für Frühpädagogik in München

In den ersten Jahren geht es darum, die Lust des Kindes am Spielen zu wecken. Spielen bedeutet für ein Kleinkind immer auch Entdecken und Begreifen von Zusammenhängen oder Gegenständen. Es bedeutet Lernen sowie Kennenlernen der Welt mit Spaß und Freude. Und das funktioniert am besten in einem vertrauten Rahmen, mit Mama oder Papa als »Rückendeckung«.

Spielend lernen

Einerseits müssen Kinder also erst lernen zu spielen. Andererseits bedeutet Spielen für sie immer auch Lernen. Das erklärt, warum ein Kind mit 1 ½ Jahren eine Handtasche mindestens 25mal hintereinander aus- und wieder einräumen kann. Es ist mit großem Ernst bei der Sache, fast scheint es einer anstrengenden Arbeit nachzugehen. Und tatsächlich: Das Kind entdeckt, dass Dinge nicht wirklich weg sind, wenn es sie nicht mehr sieht. Das ist eine großartige Erkenntnis, die gar nicht oft genug wiederholt werden kann. Immer wieder überprüft es, ob der Spiegel, die Geldbörse, der Lippenstift, das Kaugummipapier und der Kassenbon wirklich noch da sind, und räumt mit großer Begeisterung die Tasche stets aufs Neue ein und aus. Ganz nebenbei werden dadurch auch motorische Fähigkeiten und das Zusammenspiel von Augen und Händen gefördert. Das Kind lernt also selbständig im Spiel – kein Wunder, dass es sich von einer so wichtigen und ernsthaften Aufgabe nicht gerne abbringen lässt!

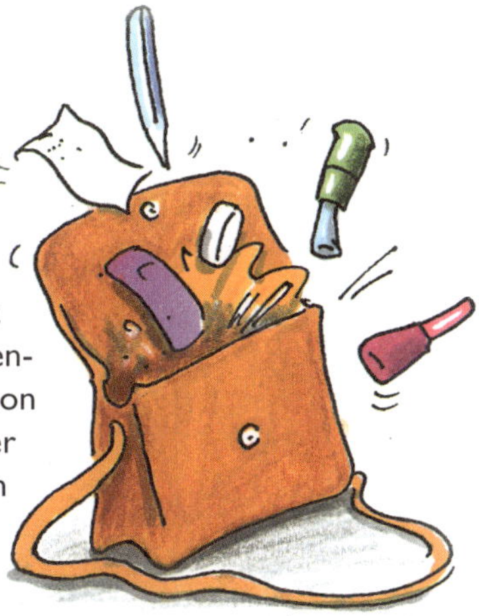

Spielen mit Ein- und Zweijährigen ist für Eltern eine echte Herausforderung. Ihnen kommt es irgendwann wie Zeitverschwendung vor, zigmal hintereinander das »Bitte-Danke«-Spiel zu spielen: Das Kind holt seine Lieblingspuppe. Es legt sie versuchsweise auf Papas Schoß. Papa sagt »Danke«. Das Kind ist begeistert. Es will die Puppe wiederholen. »Bitte, nimm sie nur!«. Das ist toll! Gleich mal sehen, ob das wieder klappt. Die Puppe landet auf Papas Bauch. Der sagt »Danke«, das Kind jauchzt begeistert und würde dieses Spiel mit Variationen wohl bis in alle Ewigkeit fortsetzen, wenn Papa nicht noch so viele dringende Dinge zu erledigen hätte … Für das Kind ist jedoch unglaublich viel gewonnen, wenn die Eltern sich ab und zu auf sein Tempo einlassen – und wer weiß, vielleicht gewinnen sie dabei ja auch ein neues Gefühl für Zeit und Geschwindigkeit.

Allein oder gemeinsam

Eltern fragen sich oft, ob ihr Kind vor allen Dingen lernen sollte, sich allein zu beschäftigen. Verwöhnen sie das Kind nicht, wenn sie immer mit ihm gemeinsam spielen? Verlernt es auf diese Weise nicht, sich sinnvoll allein zu beschäftigen? Doch so wie das Baby im Zusammenspiel mit seinen Eltern Freude empfindet, lacht und reagiert, so braucht auch das Kleinkind gemeinsame Spielerlebnisse, damit seine Freude am Spielen erhalten bleibt. Menschen sind gesellige Wesen, die die Reaktionen und die Gegenwart von anderen brauchen. Gehört gemeinsames Spielen selbstverständlich zum Familienalltag, wird das Kind auch zunehmend allein spielen, wenn einmal kein Spielpartner zur Verfügung steht. Denn es hat zu spielen »gelernt«. Auch wenn es widersprüchlich klingt: Gerade das gemeinsame Spiel in der Familie trägt dazu bei, dass Kinder lernen, auch allein zu spielen.

Tipp: Ihr Kind erwartet nicht, dass Sie ständig viel Zeit haben. Nehmen Sie sich lieber einmal pro Woche richtig Zeit für Ihr Kind und machen Sie etwas Schönes zusammen. Ein offenes Ohr zum Zuhören sollte aber immer möglich sein.

Weniger ist manchmal mehr

Beruf, Haushalt – und dann auch noch Zeit zum Spielen mit den Kindern, das kann Eltern ganz schön unter Druck setzen. Da ist es sicher eine Erleichterung zu erfahren, dass eigentlich gar nicht so viel von ihnen erwartet wird. Der Mehr Zeit für Kinder e.V. hat einmal nachgefragt, was Kinder sich von ihren Eltern wünschen. Die Antworten waren bescheidener als vielleicht angenommen. Scheinbar banale Aktivitäten wie eine Radtour, ein Zoobesuch oder ein Picknick standen bei den 400 Kindern zwischen fünf und 13 Jahren besonders hoch im Kurs. Ein Drittel aller Wünsche bezog sich auf »Freizeit mit Eltern im Alltag«. Materielles war den Kindern nicht so wichtig.

Erst die Arbeit, dann das Spiel?

Kleine Kinder trennen nicht zwischen Arbeit auf der einen Seite und Spiel auf der anderen. Das können Eltern daran erkennen, dass schon ein zweijähriges Kind begeistert alles mitmachen möchte, was sie gerade im Haushalt tun: die Spülmaschine ausräumen, Töpfe säubern, den Boden wischen. Diese Tätigkeiten bedeuten für ein Kind keine lästige Arbeit. Michaela Schwickerath aus Langenfeld bei Düsseldorf schiebt ihren Zweijährigen nie zur Seite, wenn er ihr bei der Hausarbeit helfen möchte: *Ganz stolz steht er auf seinem Kinderstühlchen neben mir am Spülbecken mit einem Schwamm in der Hand. Na ja, das ist für mich nicht immer wirklich eine Hilfe – aber man gewöhnt sich daran. Wenn ich das verbieten würde, würde sein Selbstbewusstsein sicherlich erheblich darunter leiden – schließlich bietet er mir ja seine Hilfe an. Ich bestätige ihn zwischendurch, wie gut er seine »Arbeit« erledigt.*

Es ist also gar nicht immer nötig, schnell und möglichst ungestört die Hausarbeit zu erledigen, um vielleicht eine halbe Stunde Zeit zum intensiven Spielen mit dem Kind zu gewinnen. Vielmehr können wir das Kind in unsere tägliche Arbeit einbeziehen.

Zum Nachdenken...
Michaela Schwickerath hat zwei Söhne im Baby- und Kleinkindalter. Sie fragt sich: *Manchmal erlebe ich Eltern, die ihrem Kind zeigen, wie man »richtig« spielt, das heißt die Eltern korrigieren ihr Kind und zeigen ihm, wofür das Spielzeug eigentlich gedacht ist, aber fördert es nicht viel mehr die Kreativität und die Persönlichkeitsentfaltung, wenn ein Kind für seinen Einfallsreichtum gelobt wird? Gibt es überhaupt ein »falsches« Spielen?*

Spiele mit Gleichaltrigen

Bis zum Alter von etwa drei oder vier Jahren spielen Kinder nicht wirklich miteinander, sondern »nebeneinander her«. Dennoch ist es für Kinder von Anfang an eine wichtige Erfahrung, mit anderen Kindern zusammen zu sein. Besonders wenn keine Geschwister vorhanden sind, bieten Krabbelgruppen oder Spieltreffs eine gute Gelegenheit für ein Kind, den Umgang mit anderen Kindern zu erproben. Viele Eltern erleben, dass ihr Baby schon mit wenigen Monaten auf andere Kinder besonders interessiert reagiert. Suchen Sie deshalb möglichst oft Spielplätze oder andere Spieltreffs auf, die Ihrem Kind die Möglichkeit geben, Kontakte zu anderen Kindern zu knüpfen.

Rollenspiele

Für Kinder ab etwa vier Jahren werden Rollenspiele immer wichtiger. Gleichaltrige Freundinnen und Freunde sind jetzt unentbehrlich. Die Kinder handeln miteinander die Rollen aus und besprechen den Ablauf des Spiels. So werden ganz nebenbei im Spiel wichtige soziale Fähigkeiten erworben.

Im Rollenspiel verarbeiten die Kinder außerdem Erlebnisse und Gefühle. Da wird zum Beispiel die böse Hexe, vor der man sich im Puppentheater so gefürchtet hatte, gefangen genommen und besiegt. Das macht stark! Oder das Kind verwandelt sich selbst in den großen Hund des Nachbarn und probiert aus, wie es sich anfühlt, laut zu bellen und grimmig zu knurren. Mit allen diesen scheinbar belanglosen Spielen tastet sich das Kind an seine Welt heran, verarbeitet Erfahrungen und baut Ängste ab. Es kann über Geschehenes noch nicht in dem Maße »nachdenken« wie Erwachsene, sondern muss selbst handeln, um zu »be-greifen«.

Wie können Eltern die Spielfreude der Kinder fördern?

- Sie selbst sind das Vorbild. Ihre Freude am Spiel überträgt sich auf das Kind.
- Nehmen Sie das Spiel des Kindes ernst: Zeigen Sie Interesse an seinem Spiel, und geben Sie Hilfestellung, wenn Ihr Kind Sie darum bittet.
- Unterbrechen Sie Ihr Kind nicht willkürlich, wenn es ins Spiel vertieft ist.
- Ermöglichen Sie dem Kind am besten täglich, im Freien zu toben und zu spielen.
- Schaffen Sie Anlässe für Ihr Kind, mit anderen Kindern zu spielen. Verabreden Sie sich mit anderen Eltern auf Spielplätzen oder laden Sie ab und zu Freundinnen und Freunde Ihres Kindes ein.
- Tolerieren Sie, dass es beim Spielen manchmal laut wird und zwangsläufig Unordnung entsteht.

Spielen ist menschlich

Sind Sie skeptisch, was die Bedeutung und den Stellenwert des Spiels für die Entwicklung Ihrer Kinder angeht? Das Leben ist einfach kein Kinderspiel, denken Sie? Unsere Sprache ist verräterisch. Sie zeigt, dass auch Erwachsene häufig spielen: Wir »spielen« mit einem Gedanken, wir »spielen« verschiedene Lösungsmöglichkeiten durch, wir »spielen« unsere Rolle im Beruf und auch zu Hause, wir »spielen« mit Gefühlen und sogar mit dem Glück. Wir müssen im Leben ständig Entscheidungen treffen – und wir tun das, nachdem wir alle Möglichkeiten im Kopf »durchgespielt« haben. Welche bessere Vorbereitung auf das Leben könnten wir unseren Kindern also geben, als viel und intensiv mit ihnen zu spielen?

Aufräumen – ein kleiner Exkurs...

Sie betreten ahnungslos das Kinderzimmer und es trifft Sie fast der Schlag: Stofftiere, Bauklötze, achtlos weggeworfene Papierschnipsel und Kleidungsstücke türmen sich auf dem Boden. Mühsam beherrschen Sie sich und ordnen mit unterdrückter Verzweiflung an: »AUFRÄUMEN UND ZWAR SOFORT!«

Ihrem bis dahin ebenso ahnungslosen Kind ist klar, dass Sie es wirklich ernst meinen. Es sieht von seinem Spiel auf und schaut sich um. Was ist denn hier aufzuräumen? Da liegt ein grüner Schal, aber der ist doch das gefährliche Krokodil, das wir letzte Woche im Zoo gesehen haben. Ich habe es gerade mit dem Kaugummipapier gefüttert, damit es Teddy nicht beißt. Teddy sitzt da hinten in der tollen Höhle, die ich ihm aus meiner Jacke und dem Schlafanzug gebaut habe. Die Klötze wollte ich gerade benutzen, um einen Krokodil-Schutzzaun zu bauen, damit sich auch die Puppen nicht mehr fürchten müssen. Ich habe sie zwar schon unter das Bett gesteckt, aber sie sind doch immer so ängstlich. Ich sehe keine Unordnung – warum ist Mama nur so wütend?

Spiel-Regeln

Ein großer Schritt auf dem Wege der sozialen Entwicklung eines Menschen ist erreicht, wenn er gelernt hat, nach Regeln zu spielen. Regelspiele erfordern einerseits Fähigkeiten wie Selbstbeherrschung und den Umgang mit Gefühlen. Die Regeln geben dem Kind andererseits Sicherheit. Sie sind verlässlich, sie bilden den Rahmen, innerhalb dessen das Kind handeln kann.

Die ersten Spiele mit festen Regeln

Erste Gruppenspiele können Kinder schon früh erlernen. In vielen Krabbelgruppen gehören Singspiele wie »Häschen in der Grube« oder »Es tanzt ein Bi-Ba-Butzemann« zum festen Programm schon für die Zweijährigen. Im Kindergartenalter kommen dann immer neue Spiele hinzu. Tischspiele und Gruppenspiele wie »Katz' und Maus« (siehe S.67) machen den Kindern großen Spaß.
Sie freuen sich über jedes neue Spiel, das sie beherrschen und sind stolz darauf: »Ich kann schon Memory spielen!«, »Heute haben wir im Kindergarten ein tolles Kartenspiel gelernt!«

Den erwachsenen Mitspielern verlangen die ersten Spiele nach festen Regeln mit Kindern vor allen Dingen Verständnis und Geduld ab. Damit ein gemeinsames Spiel gelingen kann, müssen sich alle an die Regeln halten und fair spielen. Das ist für Kinder harte Arbeit. Und eine wichtige Lern-Erfahrung zugleich. Denn in der Schule und in den meisten Berufen wird verlangt, im Team zu arbeiten. Diese Fähigkeit erwerben Kinder »spielerisch« – im gemeinsamen Spiel mit ihren Eltern und anderen. Von ihnen können Kinder lernen, das Spiel als einen freundschaftlichen Wettstreit zu begreifen. Mal gewinne ich, mal wirst auch du Glück haben. Wir spielen zwar gegeneinander, bleiben aber trotzdem Freunde. Das Spielen selbst macht mir nämlich Spaß, nicht nur das Gewinnen!

Umgang mit Gefühlen

Im Spiel erfährt man viel über sich selbst und auch über die Mitspieler. Wer engagiert spielt und ganz bei der Sache ist, den lassen spannende Spielsituationen nicht kalt. Wer verliert, ist traurig; wer gewinnt, freut sich umso mehr; wer kurz vor dem Ziel noch überrundet wird, ist wütend; wer eine spannende Situation erlebt, ist angespannt. Eine tolle Chance, den angemessenen Umgang mit Gefühlen zu lernen.

Enttäuschungen

Das Leben hält für Kinder immer wieder Enttäuschungen und Rückschläge bereit, vor denen Eltern ihre Sprösslinge nicht bewahren können. Beim Spiel im vertrauten Familienkreis kann das Kind verschiedene Möglichkeiten erproben, mit Niederlagen umzugehen: Es wirft sich auf den Boden oder fegt das Spielfeld vom Tisch; versucht beim nächsten Mal vielleicht zu schummeln oder bettelt darum, dass es doch bitte Extra-Regeln bekommt und von den älteren Mitspielern besonders schonend behandelt wird, um nur ja nicht zu verlieren. Hier ist eine verständnisvolle, aber konsequente Haltung der Erwachsenen gefragt.

Eltern verstehen die heftige Reaktion ihres Kindes besser, wenn sie sich bewusst machen, dass es noch nicht zwischen Spiel und Wirklichkeit unterscheidet. Wenn das Kind im Spiel verliert, geht es ihm also um viel mehr. Immer sind die Großen besser, jetzt gewinnen sie auch noch das Spiel, das ist doch zum Verzweifeln! Ein Glück, wenn die Eltern das verstehen und nach einer verlorenen Runde eine Revanche anbieten! Das Kind braucht Zeit, um Niederlagen selbstbewusst zu meistern. Es lernt erst allmählich, dass eine Niederlage im Spiel auch von Glück oder Zufall abhängt und nicht nur von seinem eigenen Spielverhalten.

Wenn ein Kind mit Niederlagen im Spiel noch überfordert ist, am besten in Teams spielen, denn geteiltes Leid ist bekanntlich halbes Leid. Auch Mannschaftsspiele wie Fußball sind eine gute Möglichkeit, mit Niederlagen umgehen zu lernen. Das Kind erlebt, wie die anderen Kinder oder Erwachsenen im Team reagieren und wird ganz von allein die eigenen Gefühle überprüfen.

Auch gewinnen will gelernt sein

Im Kindergartenalter überschätzt ein Kind nicht nur seine Niederlagen, sondern auch seine Spielerfolge und wertet sie als Bestätigung dafür, dass es einfach alles kann. »Ich bin die Größte! Ihr seid alle schlecht, nur ich bin toll!« Im Verlauf seiner Entwicklung können solche Gefühle des Kindes völlig normal sein. Eltern verwirren es also nur, wenn sie das Kind allzu deutlich darauf hinweisen, dass sein Spielerfolg nichts als Zufall war. Damit andere Kinder aber nicht unter dem Höhenflug des kleinen Gewinners leiden, sollten Eltern ihm durch ihr Vorbild einen angemessenen Umgang mit Erfolg nahelegen.

Beim Spielen entdecken und festigen die Kinder ihre Fähigkeiten, gewinnen Erkenntnisse, erproben Rollen und Wertvorstellungen und verinnerlichen sie. Am Anfang ist es dem Kind wichtig, mit den Eltern zu spielen, dann sind es die Freunde. Sie stellen jedes Detail des Alltags nach und lernen so die Welt allmählich zu begreifen, meint Heike Schabehorn aus dem nordrhein-westfälischen Hünxe, Mutter von zwei Kindern im Grundschulalter.

Erprobte Spieletipps

Spielen mit Kindern aller Altersstufen

Singspiele

Babys lieben die Stimme ihrer Eltern. Erste Spiele können Sie deshalb mit Liedern und Reimen verbinden. Diese Lieder und Reime werden zum spannenden Spiel für das Kind, wenn Sie sie mit Gesten und kleinen Effekten begleiten. Singen Sie zum Beispiel auf die Melodie von »Bruder Jakob« kleine selbst gedichtete Texte wie: »Hallo Anna (Name Ihres Kindes), hallo Anna, bist du da? Bist du da? Ja, da ist die Anna, ja da ist die Anna, wie wunderbar, wie wunderbar!« Zur Zeile »Ja, da ist die Anna« können Sie auf das Kind deuten, bei den Worten »wie wunderbar« klatschen Sie zum Beispiel in die Hände oder recken die Arme freudig hoch. Das Kind wird allmählich auf diese Elemente warten und sie mit freudigen Ausrufen oder mit Lachen beantworten.

Wassermännlein

Zärtlichkeit macht stark, das gilt für alle Menschen, trifft aber auf Babys ganz besonders zu. Kitzeln und Schmusen gehören deshalb zur Babypflege einfach dazu. Spielen Sie zum Beispiel das »Wassermännlein«-Spiel. Lassen Sie dafür Zeige- und Mittelfinger wie Beine über den Arm, die Schulter und den Kopf des Kindes »laufen«. Sagen Sie dazu den Spruch: »Kommt ein Wassermännlein mit dem Wasserkännlein. Geht den Berg hoch, nimmt Platz, guten Tag Herr Hosenmatz!«. Der »Berg« ist der Kopf des Kindes, »Platz« nimmt der Zeigefinger auf der Nasenspitze. Wie Sie den »Hosenmatz« begrüßen, hängt davon ab, was Ihr Kind zum Lachen bringt.

Spielplatz Badewanne

Wasser ist für Babys ein faszinierendes Element. Halten Sie Ihr Kind etwa ab dem 5. Monat so, dass es Arme und Beine zum Planschen und Spritzen frei hat. Geben Sie ihm »Spielsachen« mit ins Bad – und zwar bei jedem Bad nur ein oder zwei bestimmte Dinge. Das kann einmal ein Waschlappen sein, beim nächsten Mal ein Badeschwamm, eine Bürste oder eine Plastikente. Wenn das Kind schon sicher sitzt, kann es mit einer Gießkanne oder Bechern experimentieren. Geben Sie ihm auch einmal einen Becher, der unten Löcher hat oder ein Sieb zum Spielen. Natürlich darf das Kind niemals unbeaufsichtigt in der Badewanne spielen.

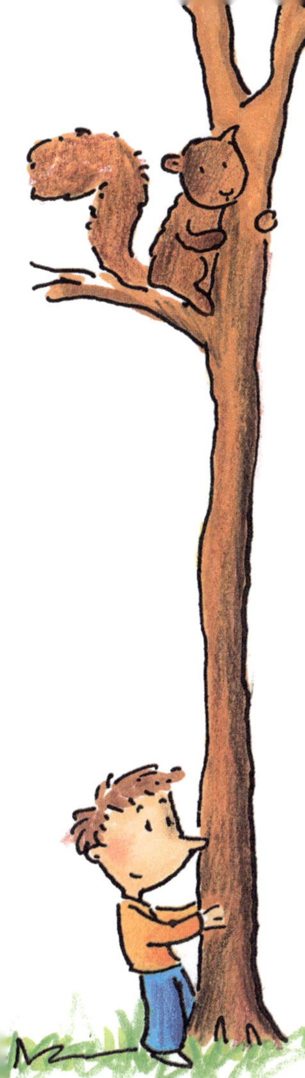

Spiele mit Kleinkindern

Anlässe zum Spielen mit Kleinkindern ergeben sich in fast allen Situationen. Der Waldspaziergang eignet sich zum Beispiel prima für Versteckspiele. Das Kleinkind muss erst lernen, dass Sie nicht wirklich verschwunden sind, wenn es Sie nicht mehr sieht. Je kleiner Ihr Kind ist, desto auffälligere Verstecke sollten Sie wählen, um Ihr Kind nicht zu verängstigen. Auch wenn der Baumstamm Mama oder Papa nicht wirklich verdeckt, wird Ihr Kind begeistert auf die Suche gehen und Sie nach dem Wiederfinden mit großer Freude begrüßen.

Ein anderer Anlass zum Spielen ergibt sich wie von selbst, wenn sich ein Elternteil gemütlich auf den Boden setzt. Für Ihr Kind ist das fast schon eine Aufforderung zum Klettern. Auf Papas Beinen balancieren, von Mamas Knien nach unten rutschen – so trainieren kleine Akrobaten ihr Geschick am liebsten. Ein Spiel wird daraus, wenn Sie mitmachen und der Aktion ein bisschen Zirkusatmosphäre verleihen, indem Sie die Kunststücke des Kindes als »Zirkusdirektor« kommentieren.

Rollenspiele

Kindergartenkindern reichen schon minimale Verkleidungen, um sich ganz und gar mit einer Rolle identifizieren zu können. Eine Verkleidungskiste hat deshalb schon so manche Familie über Regenwetterphasen gerettet. Alte Seidentücher, Faschingskostüme, Hüte und Modeschmuck regen die Phantasie der Kinder immer wieder aufs Neue an. Zur großen Familienaktion wird das Ganze, wenn alle mitmachen und sich zum Beispiel unter dem Motto »Märchenwelt« passende Kostüme zusammensuchen. Fast von selbst entsteht daraus ein spannendes Spiel, bei dem vielleicht der Froschkönig auszieht, um Dornröschen aus dem Knusperhaus zu retten. Sind die Verkleidungen besonders schön geworden? Dann halten Sie das Spiel doch mit der Videokamera fest oder machen Sie Fotos von verschiedenen Spielsituationen. Die Fotos werden auf Fotokarton geklebt und mit kurzen Texten versehen. So entsteht Ihr eigenes Familienspiele-Bilderbuch!

Familien-Spieleabend

Viele Familien veranstalten regelmäßig einen Familien-Spieleabend. Probieren Sie es doch auch einmal aus und verabreden Sie einen festen Termin in der Woche. Markieren Sie den Termin gut sichtbar im Familienkalender oder hängen Sie einen Zettel an die Pinnwand, das weckt die Vorfreude. Bereiten Sie mit den Kindern gemeinsam den Spieletisch vor und stellen Sie kleine Knabbereien und Getränke bereit. In gemütlicher Atmosphäre lässt es sich noch mal so gut spielen.

Familien-Turnier

»Turnier« – das klingt nach Spannung und Abenteuer! Turniere hielten die alten Ritter in Friedenszeiten ab, um die Langeweile zu vertreiben, fit zu bleiben und sich in verschiedenen Disziplinen miteinander zu messen. Übertragen auf das Familien-Turnier werden so viele verschiedene Spiele gespielt, wie es Teilnehmer gibt. Jedes Familienmitglied sucht sich ein Spiel aus. Ihre Kinder sollten dafür mindestens im Grundschulalter sein, weil jüngere Kinder in aller Regel nicht über einen längeren Zeitraum konzentriert spielen können.

Das älteste Kind hat die Aufgabe, eine Turnier-Tabelle zu erstellen. Auch die Turnier-Regeln am besten schriftlich festhalten. Dann wird die Bewertung festgelegt: So kann der Gewinner eines Spieles jeweils 3 Punkte erhalten, der zweite Sieger 2 Punkte, der dritte nur 1 Punkt und alle anderen gar keinen. Die Punkte werden in die Turnier-Tabelle eingetragen. Das Kind, das die Tabelle erstellt hat, kann am Turnier-Tag selbst die Liste führen und die Punkte zusammenzählen. Ein anderes Familienmitglied kümmert sich um leckere Häppchen und erfrischende Getränke. Außerdem können Sie eine Sieger-Ehrung vorbereiten. Medaillen und kleine Preise sollte es für alle Mitspieler geben. Schließlich haben alle gemeinsam dazu beigetragen, dass es ein spannendes Turnier war!

Abgemacht!
Bevor die gesellige Spielrunde anfängt, treffen Sie einige grundsätzliche Verabredungen. Je jünger die Kinder sind, desto feierlicher lässt sich diese Zeremonie gestalten: legen Sie mit den Kindern die Regeln des Spiels fest und versprechen Sie sich gegenseitig mit einem Schwur, die Regeln auch einzuhalten. Dafür reichen sich alle die Hände und besiegeln die Abmachung mit einer Formel, zum Beispiel: »Versprochen ist versprochen – und wird auch nicht gebrochen!«

Pausen einlegen
Wie gesagt, Spielen ist für Kinder harte »Arbeit«. Spannungen müssen ausgehalten und Niederlagen verkraftet werden. Außerdem ist beim Spielen die volle Aufmerksamkeit gefragt – und die lässt bei Kindern schneller nach als bei Erwachsenen. Gönnen Sie ihren Kindern also je nach Alter und Entwicklungsstand immer wieder kurze Pausen zum Auftanken. Diese Pausen sollten aktiv gestaltet sein, denn Kinder bauen aufgestaute Spannungen am besten ab, wenn sie sich bewegen können. Sobald Sie merken, dass Ihr Kind zappelig und nervös wird, ist es an der Zeit, das Wohnzimmer vorübergehend in eine Disco zu verwandeln oder eine Tobe-Runde auszurufen. Sie werden sehen, dass Ihr Kind nach einer solchen aktiven Phase wieder konzentriert weiterspielen kann.

Freizeitbeschäftigung Musik
Musizieren fördert Kreativität, steigert Konzentration und Ausdauer und schult abstraktes Denken. Es ist Ausgleich für Frust und Stress und hilft beim Umgang mit Emotionen. Musik macht auch schlau. Das belegen zahlreiche internationale Studien. Beim Musizieren werden beide Hirnhälften aktiviert und verbunden: die rechte durch Melodien und Harmonien, die linke durch Rhythmus und Linienführung. Diese Wirkung überträgt sich auf intellektuelle Fähigkeiten, vor allem wenn Kinder schon frühzeitig musikalisch gefördert werden. Durch Singen in der Familie kann schon früh die Liebe zur Musik geweckt und durch Tanzen das eigene Körperbewusstsein entfaltet werden. Denn beim Singen ist man Instrument und Spieler in einem. Und Singen kann jedes Kind. Eltern können diese angeborene Fähigkeit unterstützen und fördern.

Prof. Hans Günther Bastian, Musikpädagoge an der Johann Wolfgang Goethe-Universität in Frankfurt/Main fordert einen Anspruch aller Kinder auf Musik. Er meint: *Im Musizieren können wir den aktuellen Aggressions- und Gewaltentladungen in Schule und Gesellschaft prophylaktisch begegnen. Beim gemeinsamen Musizieren steht an erster Stelle das Miteinander-Schaffen, das Voneinander-Lernen, das Aufeinander-Zugehen, das Füreinander-da-Sein.*

Clevere Software für clevere Kids

Die Phantasie fördern

Edutainment-, Wissens- und Detektiv-Spiele auf CD-ROM sind nicht nur bei Kindern beliebt. Viele dieser Spiele sind bei Tivola erschienen: Das Unternehmen hat sich zum Ziel gesetzt, die Phantasie und die Kreativität, den Wissensdurst und die Sensibilität der Kinder zu fördern. In den gewaltfreien Spielen vereint sich die Arbeit vieler Profis und Spezialisten: vom Drehbuchautor über Illustrator, Grafiker, Musiker, Redakteur, Tonregisseur und Sprecher bis zum kritischen Tester-Team. Fast alle Spiele sind dreisprachig: deutsch, englisch und französisch, so dass die Kinder am PC auch mal in fremde Sprachräume eintauchen können. Einige Charaktere der CD-ROM-Welten hat der Verlag auch schon ins Buchformat übertragen. Und demnächst können sich kleine Patienten beim Arztbesuch gemeinsam mit den Eltern die Wartezeit mit den kindgerechten Spielen an fröhlich-bunten Touchscreen-Stationen verkürzen.

Es gibt eine Vielzahl unterschiedlicher Computerspiele für Kinder, und es ist für Eltern nicht leicht, sich bei der Fülle des Angebotes zu orientieren. Die Kreativität anregen und das kindliche Wissen erweitern – das können vor allem Spiele, die Unterhaltungswert, Spielspaß und Lerneffekt miteinander verbinden. Und die Kinder da abholen, wo sie stehen: Welche Figuren oder Charaktere findet das Kind toll? Für welche Themen interessiert es sich? Wieviel Wissen und Erfahrung bringt es schon mit? Bei der Auswahl der richtigen Spiele können Empfehlungen anderer Eltern eine wichtige Hilfestellung sein. Aber auch Familienzeitschriften, die Computerspiele für Kinder testen und prämieren, sind eine gute Orientierungshilfe. Keineswegs zufällig tauchen Hersteller guter Lernsoftware für Kinder auf solchen Listen mit preisgekrönten Spielen meist gleich mehrfach auf.

Aus: »Abenteuer Bauernhof«; CD-ROM (WIN), für Kinder von 4-10 Jahren, Tivola Verlag

3D-Simulationsspiele

In ungewohnte Umgebung versetzen 3-D-Simulationsspiele Kinder ab vier Jahren. So können sie ihren eigenen Bauernhof bewirtschaften. Da gibt es immer viel zu tun: Mehr als 100 verschiedene Aufgaben wie Füttern, Striegeln, Melken, Säen und Ernten warten auf den Spieler. Dabei passt sich der Schwierigkeitsgrad den Fähigkeiten des Kindes an. Und der kleine Spieler bestimmt, ob er lieber Hühner, Kühe, Pferde oder Schweine halten will. Je länger das Kind spielt, desto lebendiger wird es auf dem Hof. Zahlreiche Videos und Fotos zeigen Pflanzen und Tiere im Detail, erklären wie Kühe gefüttert oder gemolken werden. 3D-Simulationsspiele wie dieses schulen nicht nur die kindliche Motorik und Merkfähigkeit – die Kinder erfahren auch eine Menge über Pflanzen, Tiere und ihre Pflege.

Wissensspiele

?Welches ist der höchste Berg Europas?

?Was passiert beim zweiten Takt eines Viertaktmotors?

?Aus wie vielen Knochen besteht das menschliche Skelett?

Wer diese und andere Fragen beantworten kann, weiß schon eine ganze Menge. Wer sein Wissen noch erweitern möchte, ist richtig bei Wissensspielen auf CD-ROM. Kinder ab etwa acht Jahren können ein solches Quiz allein oder zu zweit spielen und sich dabei zu echten Experten entwickeln. Natürlich ist auch Glück im Spiel. Joker bringen zum Beispiel Punkte, ohne dass der Spieler etwas dafür tun muss. Bei Risikofragen kann man je nach Wissenstand seine Punkte verdoppeln – oder alles verlieren.

Detektivspiele

Gemeinsam mit bekannten Comicfiguren können Kinder ab vier Jahren Abenteuerliches erleben und dabei spielerisch erste Erfahrungen mit dem Computer machen: In solchen Detektivspielen verschwindet vielleicht mal eine Schmusedecke. Oder das Lieblingsbuch ist einfach nicht mehr zu finden. Jetzt ist detektivischer Spürsinn gefragt. Bei der Suche der geliebten Sachen müssen viele Hindernisse bewältigt werden, die Ausdauer, Konzentration und Geschicklichkeit verlangen. Ein tolles Erfolgserlebnis für junge Detektive, wenn der Fall gelöst ist...

Weitere Informationen sind erhältlich über www.tivola.de.

Screenshots aus: »WAS IST WAS-TV«, ab 8 Jahre und »Snoopy und seine Freunde: Linus in Not«, 4–10 Jahre, CD-ROMs (MAC/WIN), beide Tivola Verlag

Kinder und neue Medien

Schöne neue Welt!?

Unsere Gesellschaft wird dominiert von Medien wie Fernsehen, Computer und Internet. Das ist die Realität, in der wir leben, auch wenn viele Erwachsene vor allem den sogenannten »neuen Medien« immer noch mit Misstrauen begegnen. Für immer mehr Kinder ab dem Grundschulalter ist der Computer ein wichtiger Bestandteil ihres Lebens. Entsprechende Fähigkeiten sind gefragt. Deshalb hat es keinen Sinn, Kinder heute ohne Berührung mit den neuen Medien sozusagen unter der Glasglocke aufwachsen zu lassen. Vielmehr geht es für Eltern heute darum, ihren Kindern den kompetenten Umgang mit den Medien zu vermitteln. Auch das heißt, Kinder stark zu machen.

Computer – Freund oder Feind?

Gerade der Computer weckt bei vielen Eltern die Vorstellung, dass ihre Kinder vereinsamt, in ihren sozialen Kompetenzen verarmt, blass und dick, mit krummem Rücken und schlechten Augen vor dem Computer sitzen, während draußen im Sonnenschein das Leben an ihnen vorüberzieht. Eltern haben Angst vor den ungefilterten Informationen und Bildern, die das Internet ins Kinderzimmer bringen kann, ohne dass sie davon wissen. Doch ob Computer, Internet, Fernsehen – die Medien an sich sind neutral. Sie sind für sich genommen weder gefährlich noch schädlich. Es kommt darauf an, was wir aus ihnen machen. Es ist Aufgabe der Eltern, ihr Kind so an die Materie heran zu führen, dass es keinen Schaden nimmt. Denn richtig genutzt können die Medien uns ganz neue Welten des Wissens und der Phantasie eröffnen, mit ihnen kann Lernen ein Spaß und die Suche nach Informationen ein Abenteuer werden.

Stichwort: Medienkompetenz

Kompetenter Umgang mit den Medien bedeutet, die Möglichkeiten, die diese uns bieten, zu nutzen, die Medien zu beherrschen und sich nicht von ihnen beherrschen zu lassen. Kinder sollen nicht nur die technische Seite von Computer und Internet handhaben, sondern auch Inhalte und ihre Qualitäten richtig einschätzen und bewerten können. Diese wichtigen Fähigkeiten können Eltern ihrem Kind vermitteln, indem sie es verantwortungsvoll und methodisch an die neuen Medien heranführen und Schritt für Schritt seine Eigenverantwortung stärken.

Tipp von Torsten Stolz aus dem hessischen Hausen/Aarbergen: *Für unsere Kinder sind diese Medien unvermeidbar und im späteren (Berufs-)Leben nicht mehr wegzudenken. Deshalb finde ich es sehr wichtig, schon die Kleinen an diese Technik heran zu führen. Jetzt gehen sie oftmals noch ohne Scheu an Neuerungen heran, sind lernwillig und interessiert.*

Kinder sind von Computern fasziniert

Kinder gehen auf Computer mit der gleichen Neugier und dem gleichen Entdeckertrieb zu wie auf ein Spielzeugauto. Sie kennen keine Berührungsängste und schon die Jüngsten reagieren oft begeistert, wenn der Bildschirm sich durch einen Tastendruck verändert. Der Computer unterstützt Kinder in ihrem Bedürfnis, die Welt kennen zu lernen, Abenteuer zu erleben und Antworten auf ihre Fragen zu finden. Durch Chatten, Mailen, Diskussionsforen oder eine Homepage können Kinder Kontakt zu Menschen auf der ganzen Welt aufnehmen. Das vermittelt ihnen das Gefühl dazuzugehören, und es schafft Selbstvertrauen.

Der richtige Anfang

Ein Computer kann niemals Ersatz für herkömmliches Spielzeug sein, ganz bestimmt aber eine sinnvolle Ergänzung. Er sollte von Anfang an wohldosiert – das heißt zeitlich und inhaltlich begrenzt – zum Einsatz kommen. Eltern sollten ihr Kind mit dem neuen Medium nicht allein lassen. Besser ist, gemeinsam die ersten Schritte zu machen, Programme und Inhalte abzustimmen und die Computerzeiten festzulegen. Eltern sprechen mit ihrem Kind am besten auch über die Inhalte, die sie gemeinsam erforschen. Das gilt ganz besonders für das Surfen im Internet. So verlockend es ist: Computer und Internet sind keine geeigneten Babysitter, wenn die Eltern sonntags endlich mal ausschlafen wollen. Und: Ein gesunder Ausgleich für das Sitzen am PC sind Bewegung, frische Luft und Kontakt mit realen Gleichaltrigen. Sie sind für Kinder wichtiger als der Computer!

Tipp von Christine Wienand aus Garderkesee bei Bremen: *Ich möchte allen Eltern nahelegen, keine Angst vor dem Computer zu haben. Es liegt an uns, die Regeln so zu bestimmen, dass sie Kindern und Eltern gleichermaßen entgegenkommen. Wie in allen anderen Lebensbereichen sind auch hier klare Regeln und Grenzen eine große Hilfe.*

Die Internet-Generation – ein Interview

Der Journalist und Buchautor Thomas Feibel leitet das »Büro für Kindermedien« in Berlin, gibt Ratgeber zum Thema Kind und Computer heraus. Unter www.feibel.de beurteilt er bekannte Lernsoftware und zahlreiche Computerspiele.

Herr Feibel, betrachten Sie die neuen Medien als Gefahr oder eher als Chance für Kinder?

In meinen Augen sind sie beides zugleich. Wir dürfen eines nicht vergessen, wenn wir von der Revolution der neuen Medien sprechen: Sie ist nur für uns Erwachsene, die in den traditionellen Medien verhaftet sind, eine Revolution. Unsere Kinder wachsen heute automatisch mit den neuen Medien auf und kennen keine Berührungsängste. Und genau das ist die Chance; darin sollten wir sie fördern und unterstützen. Ich sehe aber die Gefahr, dass viele Eltern ihre Kinder mit dem Computer, dem Internet alleine lassen, weil sie selbst eben diese Berührungsängste haben.

Wie sollten Eltern also mit den neuen Medien umgehen?

Unsere Aufgabe als Eltern besteht darin, die Kinder bei ihren Medienerlebnissen zu begleiten, zu fördern und zu beschützen. Das können wir nur, wenn wir uns mit den neuen Medien beschäftigen. Eltern denken oft, dass Kinder am Computer alles beherrschen und sie ihnen da gar nichts beibringen können. Das stimmt nicht. Kinder wissen nicht, wie sie mit gefährlichen Dingen, auf die sie im Internet stoßen, umgehen sollen. Sie wünschen sich, dass sie in ihren Medienerlebnissen von den Erwachsenen abgeholt werden. Genauso wie wir mit ihnen über einen Film oder ein Buch sprechen, sollten wir mit ihnen über ihre Erlebnisse im Netz reden. Wer sein Kind beschützen und kompetent machen will, der muss sich selbst auf den Weg begeben.

Was sind das für Gefahren, auf die Kinder stoßen können?

Die größte Gefahr besteht meiner Meinung nach in der Belästigung, der Kinder in Chatrooms oder auch per E-Mail begegnen können. Im Internet gibt es nie eine Garantie, wer am anderen Ende ist, das ist Kindern oft nicht klar und das kann gefährlich sein. Dann gibt es jede Menge Websites mit bedrohlichen Inhalten. Eltern kennen meist die Namen dieser Seiten nicht oder wissen nicht, dass es sie überhaupt gibt. Ihre Kinder aber schon. Eine andere Gefahr ist, dass ich durch Downloaden meinen Computer für andere öffne, die Daten ausspionieren können.

Und wie können Eltern ihre Kinder vor diesen Gefahren schützen?

Der beste Schutz heißt Vorbereitung und Vertrauen. Eltern können nicht verhindern, dass ihre Kinder mit gefährlichen Dingen in Berührung kommen, aber sie können sie darauf vorbereiten. Sie können mit ihnen darüber sprechen, ihnen sagen, dass es diese Websites z.B. gibt und was sie bedeuten. Eltern sollten ihren Kindern immer wieder anbieten: Wenn dir etwas komisch vorkommt, dann rufe mich! In Chatrooms wird geflirtet, das ist normal. Doch die Grenzen sind schnell überschritten und Kinder wissen dies alleine oft nicht einzuordnen. Dabei brauchen sie die Hilfe der Erwachsenen. Es gibt Dinge, die sollte man im Internet niemals tun, z.B. seinen richtigen Namen oder die Adresse anzugeben. Diese Regeln sollten Eltern ihren Kindern mit auf den Weg ins Netz geben.

Wie können Eltern steuern, was ihre Kinder im Internet machen?

Das können Eltern nicht steuern. Sie können es aber beeinflussen. Wenn Eltern sich selbst mit dem Computer, dem Internet auskennen, können sie ihren Kindern Alternativen anbieten. Wenn sie sie an gute Internetseiten oder gute Spiele heranführen, bekommen die Kinder ein Gefühl für Qualität. Deshalb werden sie sich die anderen Dinge trotzdem anschauen – wenn nicht zu Hause, dann bei einem Freund. Doch sie können nun einschätzen, was gut ist und werden von selbst wieder darauf zurück kommen.

Viele Eltern machen sich auch Gedanken, dass ihre Kinder durch den Computer regelrecht süchtig werden können?

Auch das passiert nur dann, wenn Kinder alleine gelassen werden. Computerspiele üben eine gewaltige Faszination aus. Hier wird der kleine 11-Jährige plötzlich zum Superhelden, der die Welt retten kann. Oder im Chat. Dort kann jeder die Person sein, die er gerne wäre: groß, schön, erfolgreich. Das bedeutet die ganz große Freiheit und steht oft im krassen Widerspruch zur Realität. Eltern sollten mit ihren Kindern über diese Erlebnisse sprechen. Im Grunde wollen Kinder in ihrer Familie als die Person angenommen werden, die sie wirklich sind. Wenn wir ihnen dieses Gefühl geben, werden sie jederzeit gerne aus der virtuellen Welt in unsere reale zurückkommen.

Das Interview führte Kristin Schade.

Es kann losgehen...

Computer – ab wann?
Grundsätzlich gilt: Machen Sie diese Entscheidung vor allem von Ihrem Kind abhängig. Trauen Sie ihm die entsprechende Reife zu? Hat es Spaß am Umgang mit dem Rechner? Dann ist es genau im richtigen Alter. Mit fünf oder sechs Jahren können Sie Ihr Kind an den Computer lassen, Sie müssen es aber nicht. Vor allem Kinder, die größere Geschwister haben, können schon mit drei oder vier Jahren bereit für erste Computerabenteuer sein. Betrachten Sie die Vorgaben auf Computerspielen als Orientierungshilfe und entscheiden Sie mit Ihrem Kind individuell, welcher Umgang mit dem Computer für Ihre Familie richtig ist.

Computer – wie lange?
Im Gegensatz zu vielen anderen spielerischen Freizeitbeschäftigungen erfordert der Computer ein hohes Maß an Konzentration und Anstrengung. Wird eine gewisse Zeit überschritten, ist Ihr Kind schnell überfordert. Schlafstörungen, Nervosität und Konzentrationsmangel können die Folgen sein. Lassen Sie Ihr Kind nicht täglich an den Computer und geben Sie unbedingt ein genau einzuhaltendes Zeitlimit vor. Danach sollten sportliche Aktivitäten in frischer Luft auf dem Programm stehen.

Folgende Zeitangaben können als Orientierungshilfe* gelten:

Alter	Zeitlimit pro Tag
3 – 4 Jahre	ca. 20 Minuten
5 – 6 Jahre	ca. 30 Minuten
7 – 10 Jahre	ca. 45 – 60 Minuten
11 – 12 Jahre	ca. 60 Minuten
13 – 17 Jahre	ca. 60 – 90 Minuten

*nach Thomas Feibel: »Was macht der Computer mit dem Kind?«

Tipp von Margot Kuhn aus dem saarländischen Tholey-Hasborn: *Unsere Tochter darf 1-2 mal pro Woche einen zeitlich festgesetzten Zeitraum zusammen mit uns am PC spielen. Die zeitliche Begrenzung stellen wir oft mit einem Kurzzeit-Wecker. Hierbei lernt sie das PC-Spiel als eine Möglichkeit der Freizeitgestaltung kennen. Es gibt noch viele andere!*

Bei einer zeitlichen Limitierung halten sich auch die Kosten für's Surfen im erwarteten Rahmen. Von einigen Internet-Anbietern gibt es spezielle Familien-Pakete, die auf die Bedürfnisse von Eltern und Kindern zugeschnitten sind.

Mit dem Computer spielen und lernen

Was Kinder am Computer lernen

Die Beschäftigung mit dem Computer fördert das Denken in Zusammenhängen und unterstützt die Vernetzung der Nervenzellen im Gehirn. Kinder lernen, sich selbständig Wissen anzueignen, sie schulen ihre Geschicklichkeit und Reaktionsfähigkeit. Die Arbeit am Computer fördert die Kreativität und taktische Kompetenzen. Durch die komplexe Welt des Mediums wird das Denken angeregt und die kognitive Entwicklung der Kinder gefördert. Der Computer kann Einzelmedien wie Film, Ton, Bild und Text verbinden und wirkt so besonders attraktiv und einprägsam.

Die ersten Spiele

Schon kleine Kinder können Malvorlagen ausdrucken oder sie am Bildschirm kolorieren. Vorlagen lassen sich im Internet auch über Suchmaschinen für Kinder finden. Andere Spiele, in denen Ameisen gefangen oder Männchen bewegt werden müssen, trainieren den Umgang mit der Maus und die Koordination von Auge und Hand. Gedächtnis- und Konzentrationsspiele wie Memory oder Puzzles finden sich auf den meisten guten Kinderseiten. Auch jede Menge Spielideen, Bastel- und Partytipps, Zaubertricks und Kreativspiele können Sie im Internet finden. Großen Spaß macht es Kindern, mit Freunden ihre Geschicklichkeit am Bildschirm zu messen.

Lernprogramme

Lernprogramme für den Computer sind eine tolle Möglichkeit, Kindern das Lernen für die Schule schmackhaft zu machen. Sie haben den Vorteil, dass das Kind selbst die Geschwindigkeit bestimmt, mit der es den Stoff bearbeitet. Der Computer ist außerdem ein geduldiger Lehrer. Ihm ist es egal, ob sein Schüler beim Diktat oder beim Rechnen immer wieder den gleichen Fehler macht. Durch Lernprogramme ist es möglich, abstrakte Sachverhalte in anschauliche Bilder umzusetzen, die Kinder viel besser begreifen können. Ob es Zahlenräume sind, die visualisiert werden oder das mittelalterliche Dorf für den Geschichtsunterricht – Lernen kann so zum selbst gestalteten Abenteuer werden. Das Gespräch in der Schule oder zu Hause kann allerdings das beste Lernprogramm nicht ersetzen.

Tipp von Sylke Teichert aus Grasellenbach in Hessen: *Ich habe die Erfahrung gemacht, dass es sehr gute Computerprogramme gibt, mit denen die Kinder spielerisch viel schneller den Schulstoff begreifen als nur stur aus den Lehrbüchern. Die Kombination von beidem war für meine Tochter das Optimale.*

Ab ins Internet

Gemeinsame Entdeckungsreisen

Vor allem beim Surfen durchs Internet ist es wichtig, dass Sie Ihr Kind nicht allein lassen. Es hat vielleicht mit der technischen Seite des Mediums weniger Schwierigkeiten als Sie, im Umgang mit den Inhalten ist es jedoch auf Ihre Hilfe angewiesen. Kinder können die Masse an Information, die ihnen das Netz bietet, weder bewerten noch einordnen. Dazu brauchen sie Ihre Hilfe. Das heißt nicht, dass Sie immer daneben sitzen müssen. Sie sollten aber in der Nähe sein, um Hilfestellung leisten zu können, falls Ihr Kind im Internet auf Dinge stößt, die es alleine nicht verarbeiten kann. Der Kontakt mit gefährdenden Seiten ist nie völlig auszuschließen. Sprechen Sie mit Ihrem Kind über die Existenz solcher Seiten. Vereinbaren Sie, dass es Ihnen diese immer zeigt und Sie um Rat fragt.

Tipp von Regine Schmitz aus dem nordrhein-westfälischen Wipperfürth: *Vor dem schrecklichen Hintergrund von Erfurt: Die Auswahl des Kindes bei den neuen Medien nicht ignorieren oder still billigen, sondern sich einmischen, informieren, diskutieren und (...) nach Lösungen suchen.*

So kann's losgehen

Im Internet sind Seiten für Kinder ab frühestens vier Jahren konzipiert. Informieren Sie sich zunächst über altersgerechte Angebote, um diese Seiten gezielt aufzusuchen. Jüngere Kinder sind mit der Suche nach Angeboten überfordert und begeben sich zumeist auf Websites, von denen sie gehört haben. Das müssen nicht die besten sein. Legen Sie ein Verzeichnis mit sogenannten »Bookmarks« bzw. Lesezeichen für Ihr Kind an, das gemeinsam erweitert werden kann.

Üben Sie am besten mit Ihrem Sprössling schon im Grundschulalter den Umgang mit Suchmaschinen für Kinder. Und wenn es schon ein wenig Übung hat, stellen Recherche-Aufträge für Ihr Kind eine unterhaltsame Herausforderung dar: »Ob du über das Internet erfahren kannst, woher dein Vorname kommt?« oder: »Versuch doch mal, etwas über das Leben am Nil herauszufinden...«.

E-Mails und Chatten

Sobald Kinder schreiben können, ist eine eigene Mailadresse sinnvoll. Suchen Sie die Mail-Partner zunächst gut aus. Am besten fängt Ihr Sprössling mit Freunden aus der Klasse an. Das Schreiben trainiert den Umgang mit der Sprache. Ihr Kind lernt, seine Gedanken und Gefühle in Worte zu fassen, Sachverhalte zu strukturieren und sich mitzuteilen. Chatten ist für Kinder erst dann sinnvoll, wenn sie gelernt haben, mit problembeladenen Situationen wie Beschimpfungen oder Belästigungen umzugehen. Auch hier sollten Sie zunächst zwei oder drei moderierte Chat-Räume gemeinsam mit Ihrem Kind festlegen, in denen es geschützt ist.

Auch Fernsehen will gelernt sein

Fernsehen – aber richtig

Gerade für den TV-Konsum gilt: Kinder orientieren sich am Beispiel ihrer Eltern. Wenn sie sich stundenlang berieseln lassen, werden die Kinder dieses Verhalten übernehmen. Am besten schauen Sie in eine Fernsehzeitschrift und suchen im Vorfeld gemeinsam mit Ihrem Kind Sendungen aus. Nur für diese wird der Apparat dann eingeschaltet. Zapping quer durch alle Programme ist nicht empfehlenswert, lieber schauen Sie gemeinsam gezielt eine Sendung an. Beschränken Sie den täglichen Fernsehkonsum Ihres Kindes auf ein altersgerechtes Maß.

Sinnvoll kann es auch sein, besonders geliebte Filme auf Video aufzunehmen. Kinder haben häufig das Bedürfnis, faszinierende Szenen mehrfach zu sehen, um sie wirklich verarbeiten zu können. Kinder brauchen Freiräume, in denen sie ihre Fernseherlebnisse ausdrücken können. Fordern Sie Ihr Kind auf, über das Gesehene zu sprechen. Was hat ihm besonders gefallen? Was hat es nicht verstanden? Warum war etwas gut oder schlecht? Verhängen Sie niemals Fernsehentzug als Strafe und gewähren Sie nicht zusätzliche Fernsehstunden als Belohnung. Denn damit verleihen Sie dem Medium eine Wertigkeit, die ihm nicht zugestanden werden sollte.

Tipp von Annette Enders aus Mannheim: *Wir haben ein Zeitkonto. Da können meine beiden Kinder selbst entscheiden, was sie sehen wollen. Die Zeit darf nicht mehr als 1,5 Stunden am Tag sein. Ich schaue mit, um zu wissen, was sie sehen (...) Am Computer gibt es nur Spiele, die wir zusammen spielen.*

Und jetzt kommt Werbung!

Kinder bis etwa zum fünften Lebensjahr können nicht zwischen eingeblendeter Werbung und dem eigentlichen Programm unterscheiden. Bei manchen dauert es ein paar Jahre länger. Wenn Kinder Werbung als solche erkennen, heißt das aber noch lange nicht, dass sie verstehen, welche Absichten hinter diesen Spots stecken. Bringen Sie Ihrem Kind einen gesunden Zweifel an den so viel versprechenden Werbebotschaften bei. Suchen Sie sich gemeinsam einen Spot aus, der Ihr Kind besonders anspricht und reden Sie darüber: »Würde sich durch den Kauf dieses Artikels unser Leben wirklich verändern? Werden dadurch Träume wahr? Kannst du dich daran erinnern, als du diese Puppe, dieses Spiel haben wolltest? Warum wolltest du es unbedingt haben und hat es deine Erwartungen erfüllt?« Erklären Sie, warum es auch im Kinderprogramm Werbung gibt und dass sie ganz bewusst Wünsche wecken will.

ARCOR
JuniorNet Club

Schutz im Netz

Filtersystem für kinderfreundliches Surfen

Das Internet eröffnet Kindern eine Welt voller bunter Bilder, spannender Spiele und interessanter Informationen. Aber diese Welt birgt auch Gefahren. Viele Eltern machen sich daher Sorgen, wenn ihre Kinder alleine im Internet unterwegs sind. Soll das Medium Internet deshalb aus dem Kinderalltag verbannt werden?

Die meisten Eltern wissen: »Wenn ich mein Kind nicht ins Internet lasse, geht es woanders hin. Dann habe ich keine Kontrolle mehr und weiß überhaupt nicht mehr was es macht.« Wie bei allen Medien gilt auch hier wieder die Devise: Eltern sollten ihr Kind die vielfältigen Möglichkeiten, die das Internet bietet, nutzen lassen – ohne sich von ihm und seinen Gefahren beherrschen zu lassen. Das ist natürlich leicht gesagt, aber:

Fußballprofi Michael Preetz surft mit Tochter Alicia, 6, gern im Internet.

Was können Eltern tun?

Am besten sprechen Eltern mit ihrem Kind, denn Websurfer sind oft in einem schon sehr verständigen Alter. Wenn das Kind sich ernst genommen fühlt und die Eltern vor allem beim älteren Kind an sein eigenes kritisches Urteilsvermögen appellieren, dann ist das eine gute Grundvoraussetzung für sicheres Surfen.

Eltern haben außerdem eine Möglichkeit, die unzähligen im Internet herumschwirrenden Informationen und Eindrücke für ihr Kinder filtern zu lassen – im wahrsten Sinne des Wortes, denn es gibt praktische Filtersysteme. So erlaubt Arcor JuniorNet Eltern, ihre Sprösslinge gefahrlos surfen zu lassen. Installation und Zugang sind auch für technische Laien schnell und einfach zu handhaben.

Viele kindgerechte Seiten

Durch eine spezielle Sicherheits-Software haben die Kinder Zugriff auf mehr als zwei Millionen Webseiten, die von einer Fachjury extra geprüft wurden. Junge Websurfer dürfen so auch schon mal alleine im Internet auf Entdeckungsreise gehen. Wenn Eltern über diese Positivliste hinaus weitere Seiten kennen sollten, können sie die für ihre Kinder gesondert freigeben.

Außerdem legen die Eltern fest, wie lange ihre Kinder am Tag surfen und ob sie den Kindern eigene E-Mail-Adressen zugestehen. Die Eltern haben selbst uneingeschränkten Zugang zum Internet.

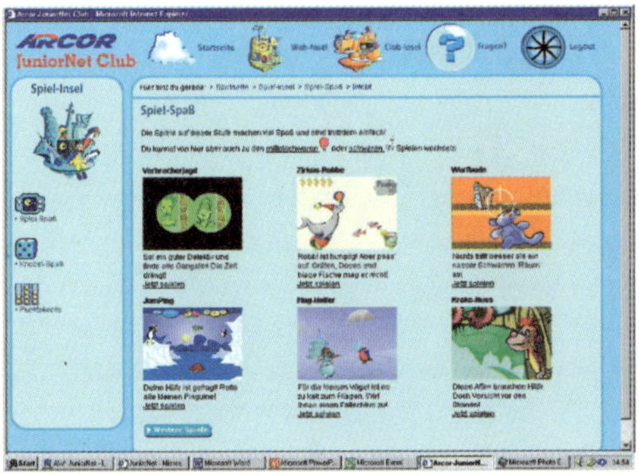

Hereinspaziert!

Ein spezielles Kinderportal ermöglicht jungen Surfern ab dem Vorschulalter bis etwa zur 5./6. Klasse vielfältigen Spiel- und Lernspaß: Im Arcor JuniorNet Club können bis zu vier Kinder gleichzeitig das eigene Wissen testen und erweitern, Lernspiele in unterschiedlichen Schwierigkeitsstufen absolvieren oder sich mit anderen Usern austauschen. Dieses Kinderportal wurde von Pädagogen und Wissenschaftlern entwickelt. Entdecken und lernen, suchen und stöbern – spielerisch werden die Kinder an das Medium Internet herangeführt. Dabei können sie Phantasie entwickeln, die Geschicklichkeit, das Reaktions-, Denk- und Kommunikationsvermögen trainieren. Kinder finden hier außerdem:

- ***eine Suchmaschine,***
- ***eine Community – also einen Freundeskreis im Web***
- ***und Hilfen für die Schule.***

Wo liegt eigentlich Timbuktu?

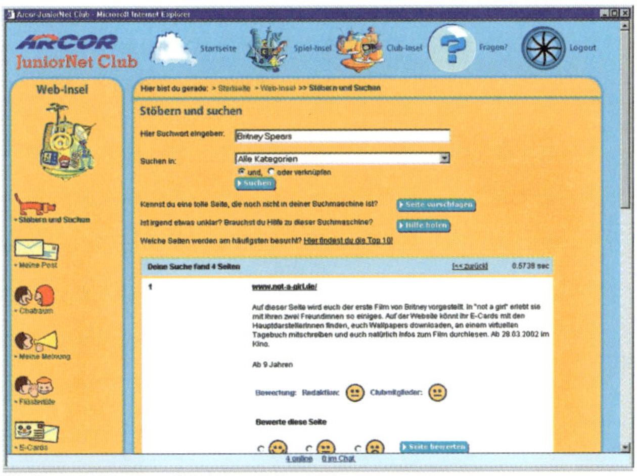

Wenn Sie Ihrem Kind durch das Medium Internet Erfolgserlebnisse vermitteln können, ist das auch ein Beitrag zur Förderung des Selbstbewusstseins. Eine gute Möglichkeit sind altersgerecht gestaltete Aufgaben, die Kinder lösen sollen, eine Art »elektronische Schnitzeljagd«: Stellen Sie Ihrem Kind zehn Fragen, wie: »Was ist ein ›Airdale‹?«, »Wo liegt Timbuktu?« oder »Wann wird in ganz Deutschland jedes Jahr der Kindertag gefeiert?«

Bei der Lösung der Aufgaben erweitert Ihr Kind nicht nur sein Wissen; es übt ganz praktisch den Umgang mit Suchmaschinen, lernt, Informationen im Internet zu bewerten und die Methodik, wie man am schnellsten die Antwort findet. Ganz nebenbei haben Sie anschließend einen tollen Gesprächsanlass und können erfahren, wie Ihr Kind im Netz zurecht kommt.

Weitere Infos über die Komplettpakete für Familien vermittelt: www.arcor.de.

Lernen lernen

Kommen Kinder auf die Welt, ist ihr Gehirn wie ein leeres Netz aus Milliarden von Nervenzellen, das mit Eindrücken und Wissen gefüllt werden möchte. Mit unendlicher Neugier gehen Säuglinge und Kleinkinder auf ihre Umwelt zu. Wie ein Schwamm saugen sie in den ersten Lebensjahren Eindrücke in sich auf, wollen alles anfassen, wissen, begreifen. Sie lernen ständig dazu. Für kleine Kinder bedeutet Lernen, die Welt zu entdecken und in dieses Abenteuer stürzen sie sich mit Lust und Begeisterung. Kinder lernen gern.

Die Schule und der »Ernst des Lebens«...

Die meisten Kinder fiebern ihrem ersten Schultag entgegen, können es gar nicht erwarten, Schreiben, Lesen und Rechnen zu lernen. Doch nur kurze Zeit später sind aus vielen wissensdurstigen Schulanfängern regelrechte Lernmuffel geworden, ist die Freude am Lernen und der lustvolle Umgang mit Wissen verloren gegangen. Der Spruch vom »Ernst des Lebens«, der mit dem Schuleintritt beginnt, verdeutlicht die auch heute noch gängige Vorstellung: Lernen ist eine ernste Sache und Spaß hat dabei nichts verloren – Lernen als Pflichtprogramm, von dem das freie und lustbetonte Spiel strikt unterschieden wird. Viele Eltern, die ihren Kindern die bestmöglichen Zukunftschancen sichern wollen, fordern Bestleistungen in der Schule und setzen ihren Nachwuchs damit unter Druck. Stressbedingte Störungen wie Nervosität, Konzentrationsmangel und Unruhe sind häufige Folgen. Die Kinder haben Angst, den Anforderungen nicht gewachsen zu sein. Wer Angst hat, kann sich nicht konzentrieren und ist kaum in der Lage zu lernen. Nur wer entspannt und mit Motivation an eine Sache herangeht, kann sein Bestes geben.

Lernlust statt Lernfrust...

Sie können Ihrem Kind helfen, die Freude am Lernen nicht zu verlieren. Zeigen Sie ihm, dass das Aneignen von Wissen ein Abenteuer sein kann, das uns neue Welten eröffnet. Verschaffen Sie ihm Erfolgserlebnisse, indem Sie seine Talente und Fähigkeiten in den Vordergrund stellen. Wer einmal erlebt hat, wie gut es sich anfühlt, eine schwere Nuss ganz alleine geknackt zu haben, der bekommt Appetit auf mehr. Den größten Spaß bringen Aufgaben, die gerade so leicht sind, dass man sich dabei nicht langweilt und gerade so schwer, dass man vor ihnen nicht kapitulieren muss. Natürlich ist nicht jeder Lernprozess mit Spaß verbunden, nicht jede Aufgabe eine Herausforderung. Doch Kinder, die Lust am Lernen schon erlebt haben, werden diese Aufgaben locker erledigen.

Das Wichtigste: Druck hilft nicht weiter. Die Schule ist nicht das alles beherrschende Thema im Leben eines Kindes. Kinder, die durch häufige schlechte Noten entmutigt werden, brauchen um so mehr Bestätigung und Rückhalt von ihren Eltern. Auch bei Teilerfolgen sind Lob und Belohnung sinnvoll. Nicht jedes Kind wird Bestleistungen bringen können. Auch eine Vier kann ein Erfolg sein, den es gebührend zu feiern gilt. Viel wichtiger als der tatsächliche Leistungsstand in der Schule ist, Ihrem Kind die Freude am Lernen zu erhalten.
Mit der Zeit lernen Sie die Leistungsgrenzen Ihres Kindes kennen. Sie werden schnell feststellen, ob Ihr Kind bei einer Aufgabe überfordert ist oder ob es an mangelndem Interesse und Ehrgeiz liegt.

Tipps
Jürgen Guther aus dem saarländischen Marpingen: *Man muss den Kindern Mut machen, die Sache mit Humor sehen und seine eigenen Schulnoten offenlegen, die auch nicht immer die besten waren.*
Lieselotte Hengstermann aus Wesseling bei Köln: *Wenn es mal ein Problem in der Schule gab, habe ich meine Tochter immer stark gemacht mit dem Satz: »Du schaffst das! Da bin ich mir ganz sicher! Und wenn nicht, geht die Welt auch nicht unter. Auch durch eine schlechte Note hat man etwas gelernt und kann versuchen, es das nächste Mal besser zu machen.«*

Lernen lernen...
...darauf kommt es in den ersten Schuljahren an. In dieser Zeit lernen Kinder genau zuzuhören, das Gehörte zu verstehen und es sich zu merken. Sie erleben, wie man sich auf eine Aufgabe konzentriert und Informationen strukturiert, um sie verarbeiten zu können. Jedes Kind geht dabei anders vor. Finden Sie gemeinsam heraus, wie Ihr Kind am liebsten lernt. So können Sie ihm helfen, seine persönlichen Lernstrategien und Arbeitstechniken zu entwickeln, die ihm in den folgenden Schuljahren auch die Bewältigung eines großen Lernpensums erleichtern werden.

Freizeit nicht vergessen
Viele Schulkinder hetzen heute auch nach der Schule von einem Termin zum anderen: montags Tanzkurs, dienstags Reiten und mittwochs Flötenunterricht. Dazu kommen die täglichen Hausaufgaben und das Lernen für die Schule. Die ganze Woche und oft auch das Wochenende sind verplant. Ein mit Aktivitäten voll gestopfter Tag lässt Kindern aber kaum die Möglichkeit, Abstand von den ständigen Anforderungen zu gewinnen und zu sich selbst zu finden. Dafür brauchen sie Zeit, in der sie nicht dem strengen Diktat der Uhr unterliegen. Ihr Kind sollte auch einfach mal nur seinen Gedanken nachhängen können. Nur so hat es die Chance, kreativ zu sein oder zu werden und eigene Ideen und Initiativen zu entwickeln. Und: Ein selbst gestalteter Wochenplan hilft, feste Termine überschaubar zu machen.

Für das Leben lernen

Gerade in den ersten Schuljahren eignen sich Kinder Fähigkeiten an wie Lesen, Rechnen und Schreiben, die auch in der Welt außerhalb des Klassenzimmers hilfreich sind. Was ist effektiver, als diese Fähigkeiten im täglichen Leben zu üben? Wenn Kinder merken, dass das in der Schule Gelernte ihre Selbständigkeit im Alltag fördert, ist das die beste Triebfeder für ihren Lerneifer.

ABC und 123

Sobald Ihr Kind Buchstaben und Zahlen kennen gelernt hat, können Sie mit ihm auf Entdeckungstour gehen: Lassen Sie es Straßennamen entziffern, Werbeplakate lesen und die richtige Bushaltestelle erkennen. Lassen Sie es beim Einkaufen den richtigen Zucker finden, den Einkaufszettel entziffern oder an der Kasse das Geld abzählen. Schreiben Sie mit ihm zusammen Briefe an Verwandte oder Freunde. Es ist aufregend, wenn die erste eigene Post eintrifft! Schreiben Sie ihm kleine Zettel mit geheimen Botschaften, lösen Sie gemeinsam Kreuzworträtsel und gehen Sie im Internet auf Reisen!

Lesen ist Kino im Kopf

Kinder, die viel lesen, trainieren dabei ihren Sinn für Sprache, Rechtschreibung und Grammatik, ihre Fantasie und Kreativität. Fördern Sie schon vom ersten Schultag an die Leseleidenschaft Ihres Kindes, indem Sie sich gemeinsam seinem Lieblingsbuch widmen. Zunächst wird es nur die Anfangsbuchstaben der Kapitel entziffern können, später kleine Wörter und dann ganze Sätze. Machen Sie Ihr Kind auf das nächste Buch neugierig, indem Sie ihm von den spannenden Abenteuern erzählen, um die es darin geht. Gehen Sie gemeinsam in die Bibliothek und veranstalten Sie an verregneten Tagen Familien-Lese-Nachmittage.

Schnitzeljagd

Für ältere Schulkinder ist eine Schnitzeljagd im Freien ein Riesenspaß. Jedes Team bekommt einen Zettel, auf dem seine erste Aufgabe steht: »Wo ist der höchste Baum im Umkreis von drei Metern?«. An diesem Baum finden die Kinder dann einen Zettel, auf dem vielleicht steht: »Wie heißt dieser Baum? Notiere den Anfangsbuchstaben!«. An jeder Station ergeben sich so Buchstaben, die zusammengesetzt das Ziel des Wettlaufs ergeben. Die Mannschaft, die zuerst diesen Ort erreicht, hat gewonnen.

Konzentrationsspiele

Die Fähigkeit, sich auf eine Sache konzentrieren zu können, ist eine der wichtigsten Voraussetzungen für effektives Lernen und Erfolg in der Schule. Konzentrierte Kinder haben nur die Sache im Sinn, mit der sie sich gerade beschäftigen und lassen sich nicht ablenken. Sie nehmen Dinge dadurch genauer wahr und speichern das Erfahrene zuverlässiger in ihrem Gedächtnis. Mit Spielen und Übungen können Eltern die Konzentrationsfähigkeit ihres Kindes trainieren.

Besteck-Mikado

Alle möglichen Löffel, aber auch Salatbesteck und andere ungefährliche Gegenstände aus der Besteckschublade werden kreuz und quer aufeinander getürmt. Die Kinder haben die Aufgabe, abwechselnd einzelne Teile aus dem Besteck-Berg zu lösen, ohne dass sich die anderen Gegenstände bewegen. Das gelingt nur mit voller Konzentration und absoluter Ruhe. Wer einen Löffel ohne das leiseste Geräusch nehmen konnte, kann ihn vor sich als Beute auf den Tisch legen.

Entenbeine

Bei diesem Spiel geht es darum, die richtige Anzahl der Enten und Entenbeine zu benennen. Das erfordert höchste Konzentration und nebenbei grundlegende mathematische Kenntnisse. Der erste Spieler sagt: »eine Ente«, der zweite: »zwei Beine« und der dritte »Plumps«. Dann beginnt der nächste Spieler: »zwei Enten«, der dritte: »vier Beine« und der nächste: »Plumps, plumps«. Weiter geht es mit drei Enten und sechs Beinen und »Plumps, plumps, plumps«. Wer einen Fehler macht, muss wieder mit »einer Ente« beginnen. Das Spiel kann auch mit Hunden oder – ganz schwierig – mit Spinnen gespielt werden.

Klatsch-Wörter

Ein Kind liest eine Geschichte vor. Die anderen haben die Aufgabe, immer dann zu klatschen, wenn ein vorher vereinbartes Wort vorkommt. Das sollten am besten einfache Wörter wie »und« oder »dann« sein oder auch Namen der handelnden Personen. Um den Schwierigkeitsgrad zu erhöhen, kann die Anzahl der Klatsch-Wörter langsam erhöht werden. Umgekehrt kann auch ein Kind die Aufgabe bekommen, eine Geschichte zu erzählen und dabei bestimmte Wörter nicht zu verwenden. Tut es das doch und einer der Mitspieler klatscht, kann dieser mit der Geschichte fortfahren.

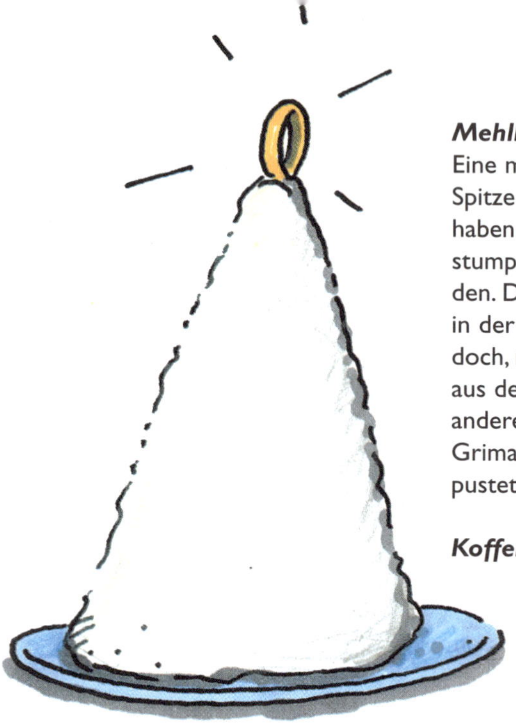

Mehlberg

Eine mit Mehl gefüllte Tasse wird umgestülpt und auf die Spitze des Mehlberges ein Ring gesteckt. Die Spieler haben die Aufgabe, einer nach dem anderen mit einem stumpfen Messer ein Stück vom Mehlberg wegzuschneiden. Dabei müssen sie sehr vorsichtig sein, denn der Ring in der Mitte darf nicht verrutschen oder fallen. Tut er das doch, muss der »Schuldige« versuchen, ihn mit dem Mund aus dem Mehlberg zu fischen. Dabei bemühen sich die anderen Spieler nach Leibeskräften, ihn durch Witze und Grimassen so zum Lachen zu bringen, dass er ins Mehl pustet.

Kofferpacken

Der erste Spieler sagt: »In meinen Koffer packe ich... meinen Schlafanzug.« Der nächste muss nun das Gesagte wiederholen und einen neuen Gegenstand hinzufügen: »In meinen Koffer packe ich meinen Schlafanzug... und ein Buch«. So wird der Satz von Spieler zu Spieler übergeben und immer länger. Wer einen Gegenstand vergisst oder nicht mehr weiter weiß, scheidet aus. Die Kinder lernen schnell, dass sich ungewöhnliche und lustige Gegenstände leichter merken lassen.

Zungenbrecher

Beim fehlerfreien Aufsagen von Zungenbrechern geht es vor allem um Konzentration:

Es klapperte die Klapperschlang',
bis ihre Klapper schlapper klang.

oder

Zwischen den Zweigen des Zwetschgenbaumes
zwitschern zwei Zwillings-Zwitscherschwalben –
was für ein Zwillings-Gezwitscher und -Gezwatscher!

Der Hör-Bär

Hat Ihr Kind Probleme, sich bei den Hausaufgaben auf eine Sache zu konzentrieren, schenken Sie ihm einen »Hör-Bären«, den es auf seinen Schreibtisch setzen kann. So ein Bär sitzt immer ruhig, quatscht nicht dazwischen und schaut aufmerksam und interessiert zu. Ihr Kind kann ihm schwierige Dinge erklären und sich von ihm daran erinnern lassen, dass es sich am besten von nichts und niemandem ablenken lässt.

Lernspiele

Was man nicht gerne tut, ist nur selten von Erfolg gekrönt. Spielerisches Lernen ist daher die beste Methode, Kinder für das Lernen zu begeistern. Vielleicht merkt das Kind noch nicht einmal, dass es sich gerade etwas Neues aneignet? Und auch der Alltag hält viele geeignete Situationen bereit...

Gedächtnis-Training

Schon kleinere Kinder haben Spaß daran, ihr Gedächtnis zu trainieren. Fangen Sie zunächst mit vertrauten Dingen an: »Was hast du heute zum Frühstück gegessen?, Welche Farbe hat die Gardine in deinem Zimmer?« Dann können Sie zu schwierigeren Dingen übergehen: »Hatte die Kassiererin im Supermarkt heute lange oder kurze Haare?«

Das Lexikon-Spiel

An diesem Spiel können mehrere Kinder derselben Altersgruppe teilnehmen. Das erste nimmt ein Kinderlexikon und fordert einen Mitspieler auf, eine beliebige Seitenzahl zu nennen. Auf dieser Seite tippt es mit geschlossenen Augen auf irgendeinen Absatz und liest das Wort vor, um das es darin geht. Die Mitspieler sollen nun so gut wie möglich die Bedeutung des Wortes erklären. Zum Schluss wird der Artikel aus dem Lexikon vorgelesen. Für die beste Erklärung gibt es einen Punkt.

Quizfragen

Ein Quiz-Spiel lässt sich einfach selbst basteln. Spielsteine können Sie von herkömmlichen Spielen nehmen, ein Spielfeld ähnlich dem bekannten »Trivial Pursuit«-Spiel auf Pappkarton malen. Nun können Sie Fragekarten dem Alter und Wissen Ihres Kindes entsprechend selbst gestalten. Die Fragen können aus allen möglichen Themengebieten kommen wie Literatur, Geographie oder auch Sport, sollten aber nicht zu trocken sein. Ihr Kind wird sich freuen, wenn es beim Spiel mit Freunden mit seinem Wissen glänzen kann. Es kann sich aber auch zusammen mit seinen Altersgenossen ganz neue Fragen einfallen lassen. Ob die Erwachsenen darauf immer die richtige Antwort wissen? Das zeigt am besten eine gemeinsame Spielerunde...

Wenn es seine Noten dadurch verbessert hat, dass es zu Hause viel geübt hat, loben Sie Ihr Kind und belohnen es vielleicht damit, dass Sie ihm einmal einen ganzen Nachmittag Ihrer Zeit schenken. Dies wird Ihr Kind freuen und weiter anspornen, meint Margit Stuppy aus Queidersbach, Nähe Kaiserslautern.

Immer diese Hausaufgaben!

Der ideale Arbeitsplatz

Der Arbeitsplatz Ihres Kindes sollte vor allem ihm selbst gefallen. Lassen Sie ihm bei der Platzwahl und Gestaltung möglichst freie Hand. Einige Grundregeln:

Standort	Am besten mit dem Rücken zu einer Wand oder einem Regal, das vermittelt Geborgenheit; nicht direkt vor einem Fenster, das könnte ablenken.
Größe	Der Platz sollte den Körpermaßen Ihres Kindes angepasst sein; ideal sind höhenverstellbare Schreibtische, die »mitwachsen«.
Licht	Möglichst viel Tageslicht und eine blendfreie Schreibtischlampe; bei Rechtshändern sollte das Licht von links, bei Linkshändern von rechts kommen, damit die schreibende Hand keinen Schatten wirft.
Ausstattung	Ideal sind Schreibtische mit mehreren und unterschiedlich großen Schubladen, in denen sich die Arbeitsmaterialien verstauen lassen.
Arbeitsfläche	Möglichst leer und übersichtlich, nur die gerade benötigten Sachen sollten auf dem Tisch liegen; eine fröhlichbunte Schreibtischunterlage und einige wenige persönliche Dinge und Glücksbringer machen den Platz angenehm; zu viele könnten ablenken, und ein übervoller Schreibtisch lädt nicht gerade zum Arbeiten ein.

Die beste Zeit für Hausaufgaben

Die tägliche Leistungskurve jedes Menschen verläuft individuell. Bestimmen Sie die Hausaufgabenzeit Ihres Kindes am besten nach seinen persönlichen Bedürfnissen. Einige Grundregeln:

- Nach der Schule und dem Mittagessen sollten Kinder ein bis zwei Stunden zum Spielen und Ausruhen haben.
- Die ideale Hausaufgabenzeit liegt für die meisten Kinder zwischen 16 und 17 Uhr.
- Halten Sie die Abendstunden möglichst von Aufgaben frei. Für Kinder ist es belastend, diese den ganzen Tag noch vor sich zu haben.
- Zum reinen Auswendiglernen und Wiederholen können aber gerade die Stunden vor dem Zubettgehen ideal sein. Auch hier gilt: Jeder Mensch tickt anders. Experimentieren Sie ein bisschen, um den idealen Zeitpunkt für Ihr Kind herauszufinden.

Ist Ordnung wirklich das halbe Leben?

Grundschulkinder brauchen einen festen äußeren Rahmen, der ihnen bei den Hausaufgaben Sicherheit vermittelt. Gut, wenn alle Arbeitsgeräte ihren festen Platz im und auf dem Schreibtisch haben. Zu Beginn der Hausaufgaben sollten der Schreibtisch aufgeräumt sein und die Schulsachen geordnet. Mit der Zeit entwickeln Kinder ihre persönlichen Vorstellungen von Arbeitsordnung, die es auch zu respektieren gilt. Solange sich größere Schulkinder in ihrem kreativen Chaos zurechtfinden, ist im wahrsten Sinne des Wortes alles in Ordnung.

Das Schwerste zuerst

Muss bereits Gelerntes geübt und wiederholt werden, sollte dies zuerst getan werden, da es die Grundlage für den nächsten Stoff bildet. Bei den schriftlichen Aufgaben sollte Ihr Kind am besten immer mit den längsten und schwierigsten beginnen. Hat es das erst einmal hinter sich, wird es sich erleichtert fühlen und mit neuem Schwung an die anderen Aufgaben gehen. Aber auch eine kurze, einfache Aufgabe zum »Warmlaufen« darf natürlich sein, wenn Ihr Kind nur nach einem ersten, motivierenden Erfolgserlebnis gut arbeiten kann.

Pausen nicht vergessen

Der ideale Zeitpunkt für eine Pause ergibt sich oft von alleine, wie zwischen den Aufgaben für verschiedene Fächer. Auch wenn Ihr Kind einige Zeit gut gearbeitet hat, jetzt aber unkonzentriert durch die Gegend schaut, ist eine Pause angesagt. Kleine Pausen von ein bis zwei Minuten, in denen es aus dem Fenster träumen, einen Apfel essen oder sich mal so richtig recken und strecken kann, machen schnell wieder fit. Wichtig ist, den Schreibtisch während der Pausen zu verlassen.

Ihr blöden, langweiligen Hausaufgaben!

Bezeichnen Sie Hausaufgaben, die sich auch beim besten Willen nicht als Herausforderung betrachten lassen, als das, was sie sind: L-A-N-G-W-E-I-L-I-G. Ihr Kind kann ruhig merken, dass Sie mit ihm fühlen. Vielleicht legen Sie auch die entsprechenden Bücher auf den Tisch und beschimpfen sie gemeinsam: »Ihr seid so doof und langweilig!!!!« Mit Humor sind die Aufgaben im Handumdrehen erledigt.

Belohnung

Überlegen Sie gemeinsam, womit Ihr Kind sich selbst nach besonders anstrengenden oder ungeliebten Aufgaben belohnen kann. Die Freude auf etwas Schönes, das es danach unternimmt, wird es motivieren, die Sache zügig hinter sich zu bringen. Warum nicht mal ein Federball-Match mit Mama oder Papa?

Lernen mit Spaß!

Welcher Lerntyp bin ich?

Grundsätzlich unterscheidet man drei Lerntypen:

visueller Lerntyp	lernt am besten über die Augen ideal: Texte farbig markieren, gut strukturieren, in kleine »Pakete« verpacken, Zeichnungen, Übersichten
akustischer Lerntyp	lernt am besten über die Ohren ideal: Texte laut vorlesen, Hörkassetten, sich Texte halblaut selbst vorlesen, Wichtiges laut aufsagen
motorischer Lerntyp	lernt am besten »mit den Händen«, durch Handeln ideal: Anfassen, Befühlen, Nachmachen, Texte abschreiben, eigene Stichpunkte formulieren und aufschreiben, Abzeichnen

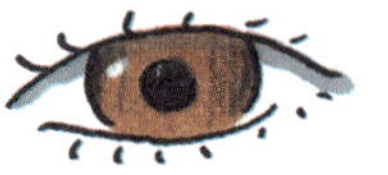

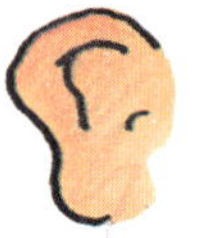

Diese Grundtypen dienen nur der Orientierung; Mischformen sind die Regel. Um herauszufinden, welcher Lerntyp Ihr Kind ist, probieren Sie einfach verschiedene Methoden mit ihm aus. Zum Lernen stehen uns alle unsere Sinne zur Verfügung und je mehr wir davon einsetzen, desto schneller und effektiver lernen wir. Von einem Text, den Ihr Kind nur liest oder nur hört, wird es wenig behalten – besser: Sie lesen ihn vor, lassen das Kind dann selbst lesen und darüber sprechen. Vielen Kindern hilft es, den Text noch einmal abzuschreiben und wichtige Inhalte farbig zu markieren. Wer vor allem über Bilder lernt, kann kleine Zeichnungen neben wichtige Textpassagen oder Gedichtstrophen malen, die den Inhalt wiedergeben. Über welche Lernkanäle Ihr Kind den Stoff am besten aufnimmt, kann von Fach zu Fach verschieden sein und sich mit den Jahren ändern. Probieren Sie also gemeinsam auch immer wieder neue Wege.

Eltern lernen mit

Ihr Kind freut sich, wenn Sie am Abenteuer Lernen teilnehmen, indem Sie Interesse am Unterrichtsstoff zeigen und Ihr Kind zu Hause erzählen lassen, worum es heute in der Schule ging. Wenn es merkt, wie interessiert Sie sind, wird es in den nächsten Stunden noch besser aufpassen, um Ihnen mehr berichten zu können. Gleichzeitig lernt es, den Stoff zusammenzufassen und zu strukturieren und wiederholt die wichtigsten Inhalte.

Die Lern-Landkarte

Fertigen Sie zu Beginn eines neuen Schuljahres eine große Landkarte an, auf der der Stoff für Biologie oder ein anderes Fach dargestellt wird. Nehmen Sie das Lehrbuch als Grundlage. Nun kann auf der Landkarte ein großes Gebiet mit dem Wort »Säugetiere« und ein anderes mit »Pflanzen« bezeichnet werden. Hängen Sie die Karte auf und gestalten Sie sie mit Ihrem Kind im Verlaufe des Schuljahres Stück für Stück mit Text und Bild aus. Malen Sie Bilder der Säugetiere oder zählen Sie deren wichtigste Eigenschaften auf. So werden die Inhalte wiederholt und übersichtlich dargestellt. Das fremde Land »Biologie« wird Stück für Stück erschlossen und Lernen zu einer Entdeckungsreise in unbekannte Gebiete.

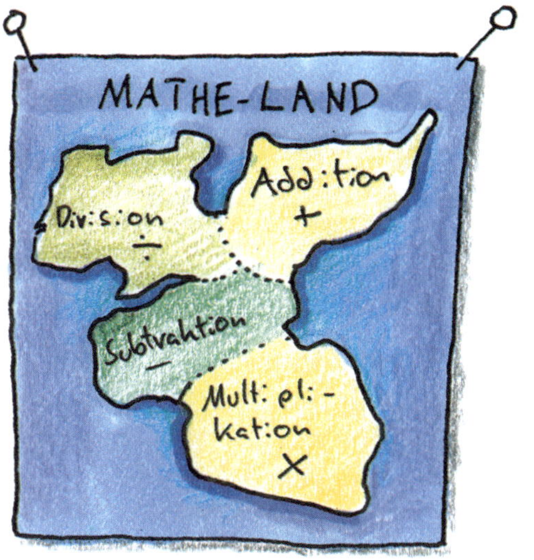

Wiederholen macht den Meister

Damit Lernstoff langfristig gespeichert wird, sollte er zweimal wiederholt werden: Das erste Mal frühestens nach 15 Minuten und dann spätestens noch einmal innerhalb der folgenden zwei Wochen. Vor Tests lernen viele Kinder besonders gut, wenn sie sich abends vor dem Einschlafen wichtige Stichpunkte oder unterstrichene Passagen ganz entspannt noch einmal durchlesen. Aber auch hier gilt: Wann und wie Ihr Kind am effektivsten wiederholt, finden Sie am besten gemeinsam mit ihm heraus.

Die Sorgen-Box

Ärger in der Schule, mit Freunden oder Eltern beschäftigt Kinder oft so sehr, dass sie sich nicht auf das Lernen konzentrieren können. Fordern Sie Ihr Kind in solchen Situationen auf, seinen Ärger auf einen Zettel zu schreiben und in eine Box zu werfen. Wenn Ihr Kind dann mit einigem Abstand die Sorgenzettel aus der Box holt und mit Ihnen bespricht, wird es sich wundern, wieviele Probleme sich in der Zwischenzeit in Luft aufgelöst haben.

Eine schöne Idee zur Aneignung von Fremdsprachen setzt Gabriele Neuhaus aus Duisburg, Mutter von zwei Söhnen, im Alltag um: *Da ich selbst gerne Fremdsprachen benutze, haben wir jetzt montags »le jour français« und donnerstags »English day«. Vom Wecken bis zum Abendessen versuchen wir französisch bzw. englisch zu sprechen. Fremde Vokabeln suchen wir heraus, neue Grammatik ebenso. Ergänzt wird das Ganze durch fremdsprachige Quiz, Videos und landestypisches Essen. Als langfristiger Ansporn winken eine London- und Parisfahrt.*

Tipps zum Auswendiglernen

Vokabeln

Muss Ihr Kind neue Vokabeln für einen schriftlich zu übersetzenden Text lernen, sollte es diese zunächst nur überfliegen und dann einfach mit der Übersetzung anfangen. Viele neue Worte erschließen sich aus dem Zusammenhang und prägen sich so viel besser ein. Und Nachschlagen ist ja kein Problem. Ist der Text übersetzt, sind die neuen Vokabeln schon fast so etwas wie alte Bekannte...

Stück für Stück

Viele Vokabeln oder ein langes Gedicht lernen sich am besten Stück für Stück. Ihr Kind sollte sich zunächst nur fünf bis sieben neue Worte oder eine Gedichtzeile oder -Strophe einprägen. Dann ist eine kleine Pause am besten, in der es vielleicht für ein anderes Fach eine Zeichnung anfertigt. Ist das erledigt, wird der bereits gelernte Teil noch einmal kurz aufgesagt und es geht an den nächsten.

Von der Hand in den Kopf

Dinge, die es auswendig lernen muss, sollte Ihr Kind zunächst einmal aufschreiben. Für Mathematikregeln kann es eine Formelsammlung anlegen, für Vokabeln einen Karteikasten: Ganz vorn sind noch nicht bekannte Vokabeln untergebracht, im Fach dahinter die schon mal gehörten, dann die besser, dann die perfekt beherrschten...

Eselsbrücken

Ein prima Hilfsmittel, wenn Ihr Kind sich etwas einfach nicht merken kann. Bei Vokabeln am besten lustige Verknüpfungen zwischen dem englischen Wort und der deutschen Übersetzung herstellen: Das Wort »brick« bedeutet »Ziegel« oder »Backstein«, erinnert im Deutschen aber an das Wort »Brikett«. Die Vorstellung von einem Haus, das aus schwarzen Briketts gebaut ist, lässt sich gut merken. Wird sie abgerufen, hat man auch die Vokabel sofort wieder im Kopf. Bei Mathe-Regeln oder historischen Daten helfen oft lustige Reime, die innere Bilder hervorrufen. Ein bekanntes ist: »753 – Rom schlüpft aus dem Ei«.

»Durch Lehren lernen wir« (Seneca)

Einem anderen etwas zu erklären, ist der beste Weg, etwas selbst zu verstehen. Bisher nicht erkannte Zusammenhänge werden so deutlich. Wenn Sie einmal keine Zeit haben, den gelehrigen Schüler zu spielen, lassen Sie sich doch vom Teddy vertreten. Ein wenig Bildung schadet ihm nicht.

Vor der Klassenarbeit

Lernrallye durchs Kinderzimmer
Alle für die baldige Klassenarbeit wichtigen Dinge soll Ihr Kind auf kleine Zettel schreiben und diese in seinem Zimmer verteilen: an die Wand oder den Schrank kleben, auf den Boden legen oder an die Lampe hängen. Bei einer Rallye durchs Kinderzimmer werden die Inhalte fast nebenbei wiederholt. Die Formeln oder Geschichtszahlen verbinden sich in der Vorstellung Ihres Kindes mit der Lampe oder dem Papierkorb und lassen sich leicht abrufen, wenn es an diese Gegenstände denkt.

Die verhasste Formel
Wenn Ihr Kind mit einer bestimmten Formel oder Vokabel, die für die nächste Klassenarbeit wichtig ist, auch nach einigem Lernen total auf Kriegsfuß steht, schlagen Sie ihm folgende Methode vor: Es soll sich die Formel kurz vorher noch einmal ansehen, sie leise vor sich her sagen und gleich zu Beginn der Arbeit auf einer Ecke des Schreibblattes notieren. Nun ist die verhasste Formel aus dem Kopf und die Gedanken sind frei für die Aufgaben.

Während der Arbeit
Bei einer längeren Klassenarbeit kann Ihr Kind ruhig kleinere Pausen machen, den Stift weglegen und für eine Minute aus dem Fenster gucken. Keinesfalls sollte es sich zuerst in eine Aufgabe verbeißen, die ihm schwer fällt. Der richtige Weg: Zunächst alle Fragen bearbeiten, die es sicher beantworten kann. Wenn dann noch Zeit ist, kann es sich an den harten Nüssen versuchen.

Tipps:
Als meine Tochter Chemieformeln nicht behalten konnte, haben wir zusammen ein Memory gebastelt, in dem die Chemieformeln eingearbeitet waren. So ging das Lernen spielend leicht und nebenbei konnte man feststellen, dass auch die Eltern diesbezüglich Schwachstellen haben, schreibt Anke Thimm aus Wuppertal, Mutter von drei Töchtern. Und: *Die Zeugnisausgabe wird bei uns immer zu einem kleinen Mittagsfest mit Kindersekt und den Lieblingssüßigkeiten. Im Kindergartenalter gab es eben ein selbst geschriebenes Zeugnis. Bewertungspunkte: Freundlichkeit, Lachen, Malen, Spielen... Auch schlechte Noten lassen wir als solche gelten: Ich versichere dann gerade, wie stolz ich auf sie bin, weil sie sich weiterhin bemühen. Denn schlechte Noten gelten bei uns erst als schlecht, wenn man sich nicht bemüht hat oder faul war.*

STUDIENKREIS®

Die Sinne nutzen

Lerntipps für Schüler, Eltern und Lehrer

Wer etwas lernen möchte, kann dies tun, indem er in der Schule gut aufpasst und zusätzlich seine Schulbücher zu Rate zieht. Wem das nicht reicht oder wem das allein zu langweilig erscheint, der kann Lernen zum Erlebnis für sämtliche Sinne machen. Möglichkeiten gibt es viele, nicht nur für Geschichte, Biologie und Sprachen. Der Studienkreis – Deutschlands meistbesuchte Nachhilfeschule – hält viele Lerntipps bereit für Schüler, Eltern und Lehrer. Hier einige Beispiele fürs Lernen auf eigene Faust oder mit der ganzen Familie:

Eine Zeitreise ins Mittelalter

Über das Mittelalter kann das Kind etwas erfahren, wenn es ins Geschichtsbuch schaut. Viel lebendiger werden die Eindrücke aber dann, wenn man Ritter, Knappen und Prinzessinnen leibhaftig über den Weg läuft. Mittlerweile gibt es in Deutschland unzählige mittelalterliche Märkte und sonstige Veranstaltungen rund um diese sagenumwobene Zeit. Ein Familienausflug dorthin ist interessant: Gern lässt sich ein Schmied über die Schulter schauen. Oder die ganze Familie erlebt, wie vor ihren Augen Ledersandalen handgefertigt werden. Die gibt es sogar für Kinder und sind äußerst bequem. Für ein paar Goldtaler Eintritt gibt es viel Lehrreiches zu entdecken und der Sonntag ist gerettet.

Natur zum Anfassen

Kennen Sie eigentlich alle Bäume, die in Ihrer Umgebung wachsen? Sie lassen sich alle anhand ihrer Blätter bestimmen. Planen Sie am Wochenende einen Ausflug in einen nahe gelegenen Wald oder Park. Lassen Sie Ihr Kind dort unterschiedliche Blätter sammeln – am besten sogar kleine Äste mit mehreren Blättern daran. Manche Bäume lassen sich nämlich nur durch die Blattstellung am Ast eindeutig bestimmen. Es gibt bebilderte Bücher, in denen die heimischen Baumsorten vorgestellt werden. Besuchen Sie am besten gemeinsam mit Ihrem Kind eine Stadtbücherei und leihen Sie sich geeignete Bücher aus.

Mit Blättern von Bäumen lässt sich allerlei anstellen. Man kann sie zum Beispiel in einem dicken Buch glätten und in einem Album katalogisieren. Mit mehreren Kindern macht ein Blätterspiel großen Spaß: Alle Blätter kommen auf einen Haufen, die Kinder drum herum. Dann nennen Sie eine Baumart und die Kinder stürzen sich auf das entsprechende Blatt. Wer am Schluss die meisten Blätter vor sich liegen hat, gewinnt.

Sprachen lernen im (Pantoffel-)Kino

Eine angenehme Art Englisch zu lernen, gegen die Ihr Kind bestimmt nichts einzuwenden hat, ist das Anschauen von Spielfilmen. Große Kinos zeigen hin und wieder erfolgreiche Filme in der Originalversion. So lernt Ihr Kind nicht nur die eine oder andere Vokabel dazu, es weiß auch, wie Brad Pitt oder Julia Roberts sprechen. Falls Sie einen DVD-Player besitzen, müssen Sie nicht einmal ins Kino. Viele DVDs verfügen über gleich mehrere Sprachversionen und Untertitel. So können Sie sich mit Ihrem Kind einen Film im Original mit deutschen Untertiteln anschauen oder in der synchronisierten Version mit englischen Untertiteln.

Tipp:

Nutzen Sie jede Gelegenheit, die Fremdsprachenkenntnisse Ihres Kindes zu fördern. Abonnieren Sie zum Beispiel eine fremdsprachige Zeitschrift oder schalten Sie fremdsprachige TV-Sender ein.

Clever lernen

Noch mehr Tipps für den Kampf mit Vokabeln, Formeln und Rechtschreibung sowie zahlreiche Hilfestellungen für das Lernen mit System gibt es von den Lehrern des Studienkreises. Bereits seit 1974 erhalten hier Schüler professionelle Unterstützung in allen Fächern – von der Grundschule bis zum Abitur. Rund 1.000 Schulen gibt es in ganz Deutschland. Die bundesweit tätige Organisation erforscht und begleitet die Lernprozesse von Kindern und Jugendlichen und hat eigene Methoden auch mit modernen Lernmedien entwickelt, um die Lernmotivation zu fördern.

Die Vermittlung von Lerntechniken ist wichtiger Bestandteil des Nachhilfeunterrichts und Inhalt spezieller Schülerseminare. An ausgewählten Standorten erhalten rechenschwache, lese-rechtschreib-schwache und hoch begabte Kinder eine gezielte Förderung. Damit sich Kind und Eltern selbst ein Bild vom Unterricht machen können, ist kostenloser Probeunterricht möglich. Lerntechnikkurse mit unterschiedlichen Schwerpunkten bietet die Organisation an vielen Orten an. Informationen gibt es gebührenfrei unter der Tel.-Nr. 0800/1 11 12 12 oder im Internet unter www.studienkreis.de.

Mit allen Sinnen

Mit unseren Sinnen erleben wir die Welt

Über unsere Sinne erfahren wir uns selbst und unsere Umwelt: Wir hören, sehen, schmecken, riechen und fühlen sie. Ohne die Sinne gäbe es die Welt für uns nicht. Das Bild der Welt, das die Sinne uns zeichnen, kann entweder schwarz-weiß oder bunt, detailliert oder oberflächlich, trist oder schillernd sein – je nachdem, wie geschärft unsere Sinne sind. Wer alle seine Sinne einsetzt, ist wach, neugierig, aufnahme- und lernfähig. Die Welt wird langsam in all ihren Zusammenhängen erkannt.

Sehen, Hören, Tasten, Schmecken und Riechen – neben diesen bekannten Sinnen besitzen wir noch zwei weitere Sinnessysteme: den Gleichgewichtssinn, der im Innenohr sitzt und den aufrechten Gang ermöglicht; außerdem die Tiefensensibilität, die an Sinneszellen tief in Muskeln, Knochen und Sehnen gekoppelt ist und ständig Informationen über Lage und Bewegungen unseres Körpers übermittelt. Ohne diesen Sinn, auch Körperwahrnehmung genannt, könnten wir Bewegungen nicht planen oder ausführen.

Spiele und Erfahrungen sprechen in den ersten Lebensjahren zunächst maßgeblich die Sinne an. Dies schult die Wahrnehmungs- und Konzentrationsfähigkeit, damit sich nach und nach die intellektuellen Fertigkeiten des planenden und logischen Denkens entfalten können. Dies ist eine wichtige Voraussetzung für die Entwicklung der Urteilsfähigkeit. Gesetzmäßigkeiten wie Ursache und Wirkung, Aktion und Reaktion, Für und Wider bekommen eine bewusste Bedeutung.

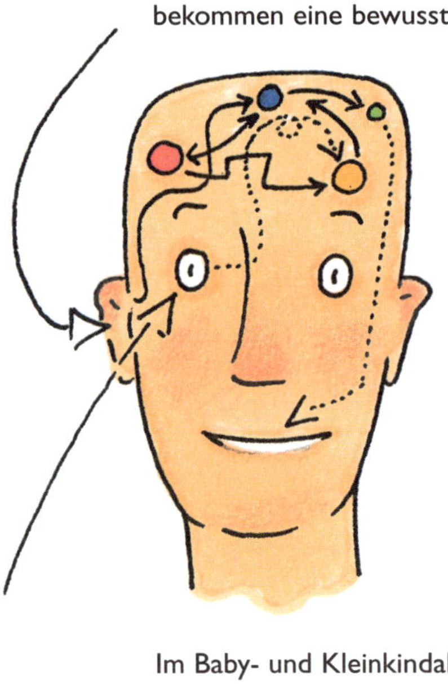

Das Gehirn ist die Schaltzentrale

Die Informationen, die unsere Sinnesorgane über uns und unsere Umgebung sammeln, werden an das Gehirn weitergeleitet, dort verarbeitet und in passende Reaktionen umgesetzt. Das Gehirn speichert die Eindrücke: Je mehr sinnvoller Inhalt im Gehirn verankert ist, desto größere und komplexere Zusammenhänge können hergestellt werden und desto vielschichtiger sehen wir die Welt.

Die Entwicklung der Sinne beginnt im Mutterleib; dabei entwickeln sich die sogenannten Basissinne zuerst: Tastsinn, Gleichgewichtssinn und Tiefensensibilität. Diese bilden die Grundlage der menschlichen Entwicklung und der weiteren Sinne. Dabei ist der Tastsinn eng mit der emotionalen Entwicklung verbunden; vor allem über ihn werden in der ersten Zeit Liebe und Nähe vermittelt.

Im Baby- und Kleinkindalter verläuft die Entwicklung der Sinne rasant und verfeinert sich kontinuierlich bis zum Schulalter. Die Sinnesentwicklung setzt sich Baustein für Baustein zusammen, bis die Kinder für die Schule gerüstet sind. Die Fähigkeiten, die sie für das Schreiben-, Lesen- und Rechnenlernen brauchen, gehen zurück auf die frühe Sinnesentwicklung.

Kinder lernen sinn-voll

Kinder entdecken ihre Sinne ganz alleine: Babys, die nach der Rassel greifen und sie in den Mund stecken, Kleinkinder, die im Sand wühlen oder sich im Karussell drehen – sie alle trainieren ihre Sinne und lernen somit. Kinder sammeln ständig sinn-volle Erfahrungen. Spielerische Anregung kann sie dabei unterstützen.

Babys und Kleinkinder erfahren ihre Umwelt vor allem über den Tastsinn; sie be-greifen sie im wahrsten Sinne des Wortes und speichern die Sinneseindrücke. Je älter wir werden, desto mehr rückt das Sehen in den Vordergrund. Durch jahrelange Sinneserfahrungen wissen wir, wie sich ein Gegenstand, den wir sehen, anfühlt, riecht oder schmeckt – ohne ihn zu berühren. Ist uns ein Material aber fremd, streichen auch wir wie Kinder über seine Oberfläche. So geht kein Besucher im Raumfahrtmuseum Washington am Mondgestein vorbei, ohne es zu berühren.

Weil wir unsere Sinneseindrücke im Gedächtnis behalten und in der Lage sind, Erfahrungen abzurufen, können wir in unserer Vorstellung in Welten eintauchen, die wir nicht direkt wahrnehmen, wie beim Bücher lesen oder Geschichten hören.

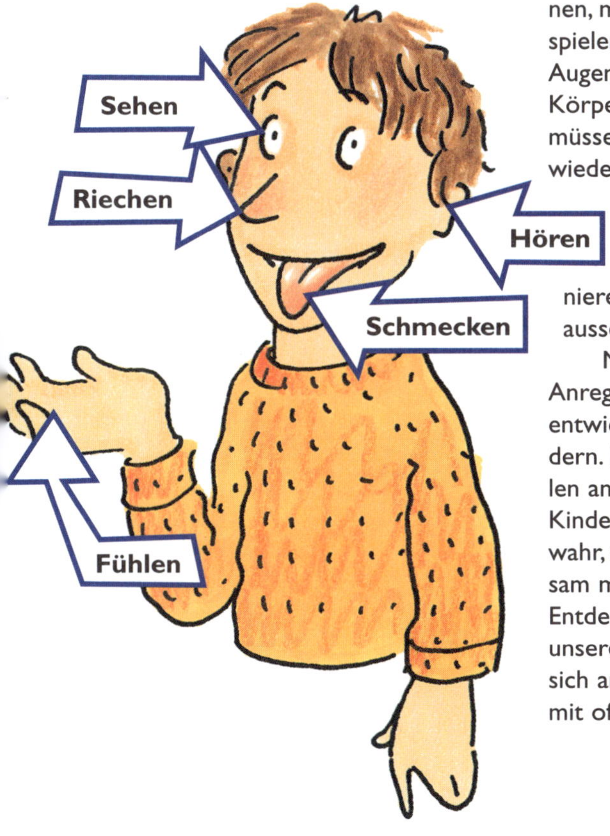

Die Sinne brauchen Anregung

Um ihre Sinne zu schärfen und zu lernen, müssen Kinder mit allen Sinnen spielen und mit ihren Händen, Ohren, Augen, mit Nase, Mund und dem ganzen Körper Erfahrungen machen. Kinder müssen ihre Sinneseindrücke beliebig oft wiederholen können, um sie auch wirklich zu verinnerlichen und ihrem Erfahrungsschatz einzuverleiben. Wenn alle ihre Sinne gut funktionieren, haben Kinder die besten Voraussetzungen, sich die Welt zu erobern.

Mit den folgenden Spielideen und Anregungen können Eltern die Sinnesentwicklung ihrer Kinder spielerisch fördern. Dabei machen Sie sich beim Spielen am Besten frei von Erwartungen: Kinder nehmen die Dinge oft anders wahr, als wir es uns vorstellen. Gemeinsam mit ihrem Kind können Eltern auf Entdeckungsreise gehen, wie vielfältig unsere Welt aussieht, schmeckt, riecht, sich anfühlt und anhört, wenn wir sie mit offenen Sinnen erleben!

Ich sehe was, was du nicht siehst

Spiele zur Förderung der optischen Wahrnehmung

Schlüsselloch-Gucker
Schneiden Sie aus einem Blatt Papier die Form eines Schlüssellochs aus und legen Sie das Blatt auf ein Bild oder eine Bilderbuch-Seite. Durch das Schlüsselloch ist nur ein kleiner Ausschnitt zu sehen. Wer kann erraten, was sich hinter dem Schlüsselloch verbirgt? Wenn man es hin und her schiebt, wird's leichter.

Jedem Topf seinen Deckel
Viele Töpfe, Dosen, Schachteln, Flaschen mit Deckeln und Verschlüssen werden durcheinander gemischt. Die Mitspieler müssen mit den Augen abschätzen, welcher Deckel wozu passt.

Unter der Lupe
Schicken Sie die Kinder mit einer Lupe auf Entdeckungsreise! Das Zimmer ist plötzlich kaum wiederzuerkennen: Der Gardinenstoff bekommt unter der Lupe eine ganz eigenartige Struktur...: »Kannst du sie beschreiben? Der Teppich besteht aus einzelnen Wollfäden... Und was man dazwischen alles entdecken kann! Das Rillenmuster an meiner Fingerspitze sieht ganz anders aus als das an deiner...«

Was ist anders?
Ein Kind wartet vor der Tür, während die anderen etwas im Raum verändern: Vorhang zuziehen, Kissen verstecken, Saftglas austrinken, Bilder umhängen. Der Spieler soll die Veränderungen erkennen.

»Fernglas« aus Pappe:
Zwischen zwei leere Toilettenpapier-Rollen eine Streichholzschachtel kleben. An den Rollen eine Schnur zum Umhängen befestigen.

Ich sehe was, was du nicht siehst...
... und das ist rot! Auf Spaziergängen oder während Wartezeiten sucht ein Mitspieler einen Gegenstand in der Umgebung aus. Er nennt seine Farbe und die anderen müssen raten, worum es sich handelt. Spielt man während einer Zugfahrt, müssen alle schnelle Augen haben. Noch mehr Spaß macht es, wenn die Mitspieler ein selbst gebasteltes »Fernglas« benutzen.

Fuß-Salat
In ein altes Bettlaken werden viele Löcher geschnitten. Mehrere Kinder schlüpfen unter das Laken und stecken ihre nackten Füße durch die Löcher. Ein Kind, das draußen gewartet hat, muss nun die passenden Fußpaare finden. Hat es eines entdeckt, kommt der Besitzer unter dem Tuch hervor. Man kann auch Hände-Paare suchen. Errät jemand, wem die Hände und Füße gehören?

Ringlein, Ringlein,
du musst wandern
von der einen Hand
zur andern. Das ist
gut, das ist schön,
keiner darf das
Ringlein sehn.

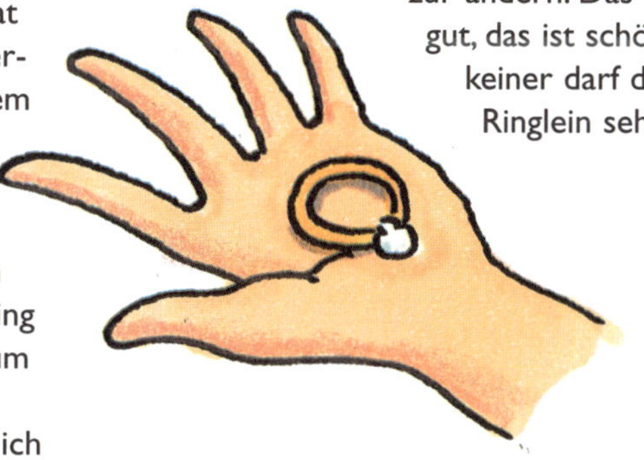

Ringlein, Ringlein, du musst wandern...
Die Kinder sitzen im Kreis und halten die Hände wie zum Gebet vor dem Körper. Ein Kind in der Mitte hat einen Ring in den Händen. Während alle singen, geht es von einem zum anderen und tut bei jedem so, als ob es den Ring in seine Hände fallen lässt. Einer muss raten, wer den Ring tatsächlich bekommen hat.

Bilderrätsel
In viele Teile zerschnittene Fotos oder Bilder müssen von den Mitspielern wieder zusammengelegt werden. Oder mit Papierstreifen verdeckte Bilder werden Stück für Stück wieder sichtbar gemacht. Wer errät zuerst, was auf dem Bild zu sehen ist?

Herr Fischer, Herr Fischer, welche Fahne weht heute?
An einer Seite des Spielfeldes steht der Fischer, gegenüber die anderen Kinder. Sie rufen: »Herr Fischer, welche Fahne weht heute?« und der Fischer nennt ihnen eine Farbe. Wer diese Farbe an seiner Kleidung vorweisen kann, darf unbehelligt zur anderen Seite wechseln. Der Fischer versucht, die anderen Mitspieler zu fangen. Wer gefangen wurde, unterstützt den Fischer bei der nächsten Runde.

Der Taschenlampen-Fleck
Im dunklen Zimmer lässt ein Kind die Taschenlampe über den Boden huschen und die anderen versuchen, das Licht zu fangen, indem sie auf den Lichtfleck treten. Man kann auch verrückte Figuren mit dem Lichtkegel an die Wand zeichnen und die Kinder müssen versuchen, diese mit ihrer Hand zu verfolgen.

Horch, was kommt von draußen rein!

Spiele zur Förderung der akustischen Wahrnehmung

Telefonieren
Bohren Sie in den Boden zweier Becher oder Dosen Löcher, durch die ein Faden gezogen und im Innern verknotet wird. Den Faden anschließend spannen, dann können zwei Kinder miteinander telefonieren. Während eines spricht, muss das andere aufmerksam lauschen. Was kommt am anderen Ende der Leitung an?

Stille Post
Ein Kind denkt sich einen kurzen, aber schwierigen Satz aus und flüstert ihn seinem Nachbarn ins Ohr. Der flüstert dem nächsten das ins Ohr, was er verstanden hat und so weiter. Der letzte Mitspieler sagt laut, was er gehört hat. Ob das noch viel mit dem Anfangssatz zu tun hat...?

Wo liegt der Schlüssel?
Einem Kind werden die Augen verbunden und ein anderes legt einen Schlüsselbund auf einen Teller, auf ein Sofa, in eine Vase... Es gilt zu raten, wohin der Schlüssel gelegt worden ist. Die Mitspieler können auch alle möglichen anderen Geräusche fabrizieren, die erraten werden müssen, wie Buchdeckel zuklappen, Schublade aufziehen oder Lampe ausknipsen.

Hör-Memory
Füllen Sie jeweils zwei leere Filmdosen mit dem gleichen Material wie Sand, Steinchen, Pfefferkörnern oder Reis. Alle Kinder sollen genau darauf achten, wie sich das Schütteln der Dosen anhört. Nachdem die Dosen untereinander vertauscht wurden, darf jeder Mitspieler wie beim Memory immer zwei Dosen schütteln. Hat er zwei gleiche Geräusche erkannt, ist er noch einmal an der Reihe.

Lügengeschichten
Ein Kind darf eine Geschichte erzählen, in die es viele Fehler einbaut: »Als ich einmal in tiefster Nacht durch die strahlende Sonne ging, hörte ich, wie lautlos ein Vogel vorbei flog. Blitzschnell eilte ich im Zeitlupentempo zu einem Busch, an dessen kahlen Zweigen grüne Blätter und dicke Früchte hingen...«. Die Mitspieler rufen »Stopp!«, sobald sie einen Fehler erkannt haben.

Tiergeräusche

Bereiten Sie Zettel mit verschiedenen darauf abgebildeten oder benannten Tieren vor; die einzelnen Tiere sollten mehrfach vorkommen. Jeder Mitspieler darf einen Zettel ziehen und muss nun die typischen Geräusche »seines« Tieres von sich geben. Gleichzeitig muss er versuchen, seine(n) Artgenossen zu erkennen. Gar nicht so einfach bei dem Tumult...

Alle Vögel fliegen hoch

Alle Kinder trommeln mit den Händen auf die Tischkante. Der Spielleiter sagt: »Alle Vögel fliegen hoch!« und alle Hände gehen in die Höhe. Anschließend nennt der Spielleiter Tiere und Gegenstände und lässt gleichzeitig seine Hände in die Luft schnellen. Kann das genannte Tier oder der Gegenstand wirklich fliegen, müssen die Mitspieler ihre Hände auch heben. Wer seine Hände hebt, obwohl das genannte Objekt nicht fliegen kann, scheidet aus.

Hühnchen rupfen

Einem Kind werden die Augen verbunden und an seiner Kleidung mit Tesafilm lange Papierstreifen befestigt. Das sind die Federn des Hühnchens. Das Hühnchen steht in der Mitte des Raumes, die Mitspieler in allen vier Ecken. Diese müssen versuchen, sich so leise wie möglich an das Hühnchen heranzuschleichen und eine seiner Federn zu stibitzen. Hört das Hühnchen einen anschleichenden Federdieb, zeigt es in seine Richtung. Der ertappte Dieb scheidet aus.

Tanzen

Alle Kinder tanzen zu einem ihrer Lieblingslieder und versuchen, das Gehörte dabei mit Gesten darzustellen. Wird die Musik plötzlich gestoppt, verharren die Kinder mitten in der Bewegung. Die Kinder können auch gemeinsam ein großes Tuch festhalten und nach der Musik bewegen. Niemand darf das Tuch loslassen. So müssen alle ihre Bewegungen auf ihre Mitspieler und auf die Musik abstimmen.

Tastend und fühlend durch die Welt

Spiele zur Förderung des Tastsinns

Schatzsucher

Verteilen Sie überall im Zimmer zerknüllte Papierfetzen oder Tempotaschentücher – das sind die Schätze. Die Kinder müssen sich nun mit verbundenen Augen durch den Raum bewegen, ohne auf einen Schatz zu treten. Also am besten vor jedem Schritt vorsichtig mit dem nackten Fuß den Boden abtasten! Wird dabei ein Schatz ertastet, soll das Kind versuchen, ihn mit dem Fuß einzusammeln. Der Spieler mit den meisten Schätzen hat gewonnen.

Wer bin ich?

Ein Kind versucht mit verbundenen Augen, einen seiner Freunde durch Ertasten zu erkennen. Hat Lars so lange Haare? Und Inga so spitze Zähne? Wenn das Kind sein Gegenüber beim richtigen Namen genannt hat, werden die Rollen getauscht.

Helga Kaufmann aus Ludwigsfelde bei Potsdam empfiehlt: *... der natürlichen Neugier von Kindern Räume und Materialien geben und sie nicht einengen, Matschecken und Steinesammlungen zulassen. (...) Mit Kindern viel in die Natur gehen und sie Wald, Wiese, kleine Bäche, kleine Tiere bewusst erleben lassen.*

Fühlpost

Alle Kinder sitzen hintereinander. Das letzte malt mit dem Finger ein Zeichen auf den Rücken des Vordermannes. Dieser gibt das Gefühlte an seinen Vordermann weiter. Ist die »Nachricht« beim ersten Spieler angekommen, sagt er, wie sie lautet. Ein meist überraschendes Ergebnis...

Socken an der Leine

Dazu braucht man jede Menge alter Socken (aber ohne Löcher!), von denen jeweils zwei mit dem gleichen Material gefüllt werden: Sand, Murmeln, Papier, Reis, Kronenkorken oder ähnliches. Die Socken werden bunt gemischt an einer Leine quer durchs Zimmer aufgehängt. Die Spieler müssen nun mit verbundenen Augen die passenden Sockenpaare mit dem jeweils gleichen Inhalt ertasten und von der Leine nehmen. Man kann auch alle möglichen anderen Gegenstände an die Leine hängen, die von den Spielern erraten werden müssen.

Tastkärtchen
Auf Pappkärtchen malen die Kinder mit einem Klebestift beliebige Figuren. Dann wird feiner Sand darüber gestreut, der an der Klebespur hängen bleibt. Mit verbundenen Augen müssen die Kinder erraten, welche Figur auf den Karten ist. Auch mit auf Pappe geklebten Woll- oder Bindfäden lassen sich Tast-Karten basteln. Man kann unterschiedliche Materialien – Stoffreste, Schleifpapier, Schwammreste, Perlen – auf die Karten kleben und damit Tast-Memory spielen.

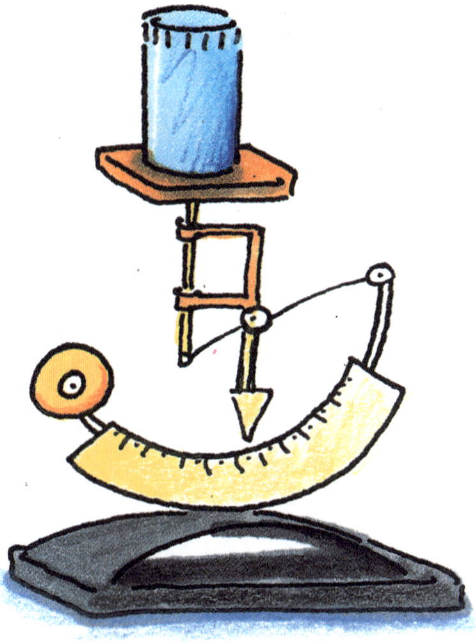

Waage
Mit unterschiedlich vielen Murmeln oder Erbsen gefüllte Filmdosen werden versteckt markiert und geschlossen. Die Spieler sollen die Dosen nach ihrem Gewicht ordnen, von der leichtesten bis zur schwersten. Am Schluss wird gemeinsam nachgewogen. Man kann auch jeweils zwei Dosen mit der gleichen Menge Murmeln füllen und die gleich schweren heraussuchen lassen.

Schuhkarton
Aus dem Deckel eines alten, kräftigen Schuhkartons werden verschiedene Formen wie Kreise, Dreiecke oder Sonnen ausgeschnitten. Die ausgeschnittenen Teile mit Pappe verstärken. Die Spieler müssen nun mit verbundenen Augen die ausgeschnittenen Formen ertasten und durch Fühlen das entsprechende Loch im Karton finden, durch das die Form passt.

Kneten
Ein besonderes Tast- und Fühlerlebnis für Kinder ist Kneten. Lustiges Knetspiel für zwei: Ein Kind knetet eine bestimmte Form, eine Kugel oder eine Rolle. Mit verbundenen Augen soll ein anderes Kind diese Form ertasten und versuchen, eine Kopie davon zu kneten.

Rezept für Knetmasse
400 g Mehl
200 g Salz
3 Esslöffel Öl
50 g Alaunpulver (Apotheke)
0,5 l kochendes Wasser
evtl. Lebensmittelfarbe

Die Zutaten vermischen und durchkneten, bis ein weicher Teig entsteht, der nicht am Tisch kleben bleibt (je nach Teigbeschaffenheit evtl. Mehl oder Öl zugeben). Am besten luftdicht verpackt in einer Plastikdose aufbewahren.

Das riecht wie ...

Spiele zur Förderung des Geruchsinns

Ein Duft-Memory

...bastelt Erzieherin Sandra Baumeister aus Datteln gern mit ihrer Kindergarten-Gruppe: In leere Filmdosen werden Gerüche verpackt, jeweils zwei von einer Sorte. Das können Wattebäusche mit einem Tropfen unterschiedlicher Duftöle sein. Man *...kann auch im Haushalt Ausschau halten und riechende Materialien wählen, wie das Zimtgewürz, ein Parfum, ein Duschgel ...*, alles, was einen ganz typischen Geruch hat. Mit verbundenen Augen sollen die Spieler nun versuchen, schnuppernd die beiden gleichen Duftnoten herauszufinden.

Gerüche raten

Mit verbundenen Augen bekommt ein Kind alle möglichen stark duftenden (aber ungefährlichen) Dinge unter die Nase gehalten, die es erkennen soll: Zahnpasta, Tee, Gewürze, Seife, Essig, Putzmittel, Waschpulver und ähnliches.

Hund und Herrchen

Schneiden Sie aus Filz kleine Kreise aus. Jeweils zwei davon tränken Sie mit dem gleichen Duft. Die Filzkreise werden den Kindern ums Handgelenk gebunden. Immer eines der Kinder ist der Hund und krabbelt auf allen Vieren. Es soll versuchen, mit verbundenen Augen durch Schnuppern an den Handgelenken sein »Herrchen« am gleichen Geruch zu erkennen.

Schnupperspaziergang

Auf einem Spaziergang durch die Stadt gibt es für gute Nasen jede Menge zu erschnuppern: Bäckereien, Kaffee- und Teeläden, Fischgeschäfte oder Blumenläden erkennt man leicht am Geruch. Wer entdeckt noch etwas, das riecht? Man braucht dazu nur mit offener Nase durch die Straßen zu laufen! Dabei riecht man auch vieles, das einem stinkt: Autoabgase oder Mülltonnen...

Bei einem Schnupperspaziergang in der Natur lässt sich der Duft verschiedener Bäume und Pflanzen, frischgemähten Grases oder gerade geschlagenen Holzes entdecken. Erde riecht nach einem Regenguss ganz anders als vorher. Viele Pflanzen entfalten ihren typischen Geruch erst, wenn man ein Stückchen abknickt oder zerreibt.

Auch Schleckermäulchen brauchen Übung

Spiele zur Förderung des Schmeckens

Geschmackstropfen
Füllen Sie Gläser mit Flüssigkeiten der unterschiedlichsten Geschmacksrichtungen: Salzwasser, Zuckerwasser, Zitronensaft, Himbeersaft, Sojasauce, Gurkenwasser usw. Einem Kind wird jeweils ein Tropfen davon mit einer Pipette (Apotheke) auf die Zunge getropft. Die Pipette am besten nach jedem Geschmackstest immer gut ausspülen. Wer erkennt schon beim ersten Tropfen, was er da schmeckt?

Obst-Schaschlik
Klein geschnipselte Stückchen unterschiedlicher Obstsorten werden hintereinander auf Schaschlik-Spieße gesteckt. Ein Kind kann sich mit verbundenen Augen einen Spieß aussuchen, probiert immer ein Stück und soll die jeweilige Obstsorte nennen.

Schmecken ohne zu riechen ist schwer
Geschmacks- und Geruchssinn sind untrennbar miteinander verbunden. Um das nachvollziehen zu können, sollen die Kinder mit verbundenen Augen und zugehaltener Nase versuchen, beispielsweise ein Stück Apfel von einem Stück Kartoffel oder Käse am Geschmack zu unterscheiden. Gar nicht so einfach!

Safteis
Frieren Sie Fruchtsäfte in Eiswürfelbehältern ein. Die verschiedenen Säfte ergeben unterschiedlich farbiges Eis. Die Kinder sollen nun durch Lecken am Eiswürfel erkennen, um welchen Saft es sich handelt. Man kann die Eiswürfel auch in ein Glas geben, mit Mineralwasser auffüllen und dann den Saft erraten lassen.

Immer im Gleichgewicht

Spiele zur Förderung des Gleichgewichtssinns und der Körperwahrnehmung

Balancieren und Seiltanzen

Legen Sie ein nicht zu schmales Brett mit beiden Enden auf einen Getränkekasten. Darauf lässt es sich herrlich balancieren: vorwärts, rückwärts, seitwärts, auf allen Vieren, auf Zehenspitzen. Man kann gemeinsam mit einem Partner balancieren, (im Freien) einen Eimer Wasser dabei tragen oder sich verbeugen...

Zum Seiltanzen reicht ein dickes Seil, das auf den Boden gelegt wird. Die Seiltänzer versuchen, möglichst barfuß aufrecht darüber zu laufen und ihre Kunststücke zu zeigen. Mit ausgebreiteten Armen lässt sich das Gleichgewicht leichter halten. Mutige können ihren Seiltanz mit geschlossenen Augen wagen.

Tipp

Carmen Wirtz, alleinerziehende Mutter eines sechsjährigen Sohnes aus Haltern bei Osnabrück schreibt zum Thema Sinne: *Wir hören gern Musik, gehen in Museen – probieren alles aus, was mit Sinneserfahrungen zu tun hat.*

Sie empfiehlt, das »Erfahrungsfeld« nach Hugo Kükelhaus in Essen-Katernberg zu besuchen. Barfußweg, Balancierscheibe, Summstein, Riechbaum, Tastgalerie und vieles mehr sprechen bei dieser Dauerausstellung die Sinne der interessierten Besucher an. Auch Schloss Freudenberg im hessischen Wiesbaden verfügt über ein solches Erfahrungsfeld zum Anfassen und Experimentieren.

Eierlaufen

Alle Kinder bekommen ein gekochtes Ei auf einem Esslöffel und sollen damit um die Wette laufen. Wer zuerst mit einem unversehrten Ei am Ziel ist, hat gewonnen. Noch schwieriger wird's, wenn die Eierläufer Hindernisse überwinden müssen.

Froschjagd und Storchenkampf

Ein Kind steht auf einem Bein. Rund herum liegen »Frösche« – grüne Bauklötze – auf dem Boden. Der Froschjäger soll versuchen, die Lego-Steine mit den Zehen zu greifen und auf einem Haufen zu sammeln, ohne sich mit dem zweiten Bein auf den Boden zu stützen. Wer sammelt die meisten Frösche?

Beim Storchenkampf stehen zwei Spieler auf einem Bein. Jeder versucht, den anderen so zu schubsen, dass er das Gleichgewicht verliert.

Karussell
Auf einer Wiese fassen sich zwei etwa gleich große Kinder mit ausgestreckten und überkreuzten Armen an den Händen. Sie stellen die Fußspitzen dicht zusammen und lehnen sich so weit es geht zurück. Nun drehen sie sich im Kreis und werden dabei immer schneller – bis sie das Gleichgewicht verlieren und ins Gras purzeln.

Inselspringen
Der Boden des Zimmers ist das Meer. Zeitungsseiten, die im Raum verteilt sind, stellen Inseln dar. Die Kinder müssen versuchen, das Meer zu überqueren, indem sie von einer Insel zur anderen springen. Auf keinen Fall dürfen sie dabei daneben treten, denn im Meer lauern Haie!

Limbo
Zwei Kinder halten einen Besenstiel so hoch über den Boden, dass alle anderen bequem zur Musik darunter durch tanzen können. Stück für Stück wird der Besenstiel immer tiefer gelegt und die Kinder versuchen, mit nach hinten gebeugtem Oberkörper darunter durch zu tanzen. Wer kann sich am besten verbiegen und dabei tanzen, ohne das Gleichgewicht zu verlieren?

Bürstenschuhe
Zwei Massage- oder Kleiderbürsten werden mit einem breiten Gummi an den Füßen der Kinder so befestigt, dass sie darauf stehen können. Ein ganz neues Gefühl, auf Bürsten-Borsten zu stehen und zu gehen! Der Küchenboden lässt sich mit solchen Bürstenschuhen allerdings nicht putzen, wie Pippi Langstrumpf es ihren Freunden Tommi und Annika vorgemacht hat!

Kamelrennen
Alle Wettkämpfer bücken sich und umfassen mit den Händen die eigenen Fußgelenke. Und los geht's!

Literaturhinweise

Aust-Claus, Elisabeth; Hammer, Petra-Marina:
Auch das Lernen kann man lernen,
Oberstebrink Verlag, Ratingen-Lintorf 2001

Bastian, Hans Günther:
Kinder optimal fördern – mit Musik,
Verlag Atlantis Schott/Serie Musik, Mainz 2001

Bauer, Angeline:
Heilende Märchen – Geschichten, die Kinder stark machen,
Südwest Verlag, München 2002

Baum, Heike:
Starke Kinder haben´s leichter – Spielerisch das Vertrauen in die eigene Kraft stärken,
Herder Verlag, Freiburg 2002

Biddulph, Steve:
Das Geheimnis glücklicher Kinder,
Heyne Verlag, München 2001

Bundesministerium für Familie, Senioren, Frauen und Jugend:
- ***Computerspiele*** – *Spielespaß ohne Risiko*
- ***Ein Netz für Kinder*** – Surfen ohne Risiko?

Bestelltelefon 0180 / 5 329 329,
E-Mail: broschuerenstelle@bmfsfj.bund.de

Davidson, Alan; Davidson, Robert E.:
Lust aufs Leben – was Eltern ihren Kindern mitgeben können,
Beltz Verlag, Weinheim und Basel 2002

Dolto, Françoise:
Kinder stark machen. Die ersten Lebensjahre,
Beltz Verlag, Weinheim und Basel 2000

Ellneby, Ylva:
Die Entwicklung der Sinne. Wahrnehmungsförderung im Kindergarten,
Lambertus-Verlag, Freiburg 1998

Endres, Wolfgang:
Nie wieder pauken. 99 starke Lerntipps,
Beltz Verlag, Weinheim und Basel 2001

Feibel, Thomas:
- ***Was macht der Computer mit dem Kind?,*** OZ-Verlag, Freiburg 2002
- ***Der Kinder-Software-Ratgeber,*** Rowohlt TB Verlag, Reinbek 2002
- ***Die beste Lern-Software,*** Rowohlt TB Verlag, Reinbek 2002
- ***Die Internet-Generation,*** Langen/Müller Verlag, München 2001

Friedl, Johanna:
Spielend die Sinne entdecken,
Ravensburger Buchverlag, Ravensburg 2001

Friedrich, Sabine; Friebl, Volker:
Trau dich doch! Wie Kinder Schüchternheit und Angst überwinden,
Rowohlt Verlag, Reinbek 1999

Gürtler, Helga:
So wird mein Kind selbstbewusst,
Midena Verlag, München 2000

Haug-Schnabel, Gabriele; Schmid-Steinbrunner, Barbara:
- ***Suchtprävention im Kindergarten,*** Praxisbuch Kita, Herder Verlag, Freiburg 2000
- ***Wie man Kinder von Anfang an stark macht,*** Oberstebrink Verlag, Ratingen-Lintorf 2002

Helmers, Frauke:
Kinder brauchen Freunde – Was können Eltern tun?,
Urania-Ravensburger Verlag, Berlin 1999

Hurrelmann, Klaus; Unverzagt, Gerlinde:
Kinder stark machen für das Leben,
Herder Verlag, Freiburg 2000

Kunze, Petra; Salamander, Catharina:
Kinder fördern im Alltag,
Gräfe und Unzer Verlag, München 2002

Nitsch, Cornelia:
100 Wege meinem Kind zu zeigen: Ich hab´ dich lieb,
Rowohlt TB Verlag, Reinbek 2000

Nußbaum, Margret:
55 Tipps – Wenn Ihr Kind trotzt,
Christophorus Verlag, Freiburg 2002

Polinski, Liesel:
PEKiP – Spiel und Bewegung mit Babys,
Rowohlt TB Verlag, Reinbek 2001

Röschlau, Meike:
Ich schaff' das!, Buchserie illustrierter Geschichten für Kinder, z.B. »Ich bin Fedelius«, Weckel Media, 2. Aufl. 2002, www.weckel.com

Stamer-Brandt, Petra:
55 Tipps – Wenn Ihr Kind Selbstvertrauen braucht,
Christophorus Verlag, Freiburg 2001

Stiefenhofer, Martin:
- ***55 Tipps – Wie Ihr Kind sich besser konzentrieren kann,***
  Christophorus Verlag, Freiburg 2002
- ***55 Tipps – Wie Ihr Kind zur Ruhe kommt,***
  Christophorus Verlag, Freiburg 2000
- ***55 Tipps – Wenn Kinder sich streiten,***
  Christophorus Verlag, Freiburg 2001
- ***55 Tipps – Wenn Ihr Kind Angst hat,***
  Christophorus Verlag, Freiburg 2002

Suer, Paul:
Jedes Kind ist ein Genie – Selbstbewusstsein stärken und Wissen fördern,
Paul-Moewig Verlag, Rastatt 2002

Zimmer, Renate:
- ***Handbuch der Sinneswahrnehmung,***
  Herder Verlag, Freiburg 2002
- ***Was Kinder stark macht. Fähigkeiten wecken – Entwicklung fördern,***
  Herder Verlag, Freiburg 2002

Adressen

FVM – Forschungsgruppe Verhaltensbiologie des Menschen
Obere Dorfstraße 7, 79400 Kandern
Tel. 07626 / 97 02-13
Fax 07626 / 97 02-68
E-Mail: haug-schnabel@f-v-m.de

PAG Institut für Psychologie AG
Nordstraße 22, 48149 Münster
Tel. 0251 / 5 18 941
Fax 0251 / 20 07 92 00
www.triplep.de

PEKiP e.V.
Heltorfer Str. 71, 47269 Duisburg
Tel. 0203 / 71 23-30
Fax 0203 / 71 23-95
www.pekip.de

Staatsinstitut für Frühpädagogik
Prinzregentenstraße 24, 80538 München
Tel. 089 / 2 12 34-201
Fax 089 / 2 12 34-222
www.familienhandbuch.de

Universität Bielefeld, Fakultät für Gesundheitswissenschaften
Postfach 10 01 31, 33501 Bielefeld
Tel. 0521 / 1 06-43 80
Fax 0521 / 1 06-29 68 oder -2987
E-Mail: gesundheit@uni-bielefeld.de

www.feibel.de
Büro für Kindermedien
Sponholzstr. 35, 12159 Berlin
Tel. 030 / 43 73 36-0
Fax 030 / 43 73 36-23

www.jugendschutz.net
Fritz-Kohl-Str. 24, 55122 Mainz
Tel. 06131 / 32 85-20
Fax 06131 / 32 85-22

Impressum

Herausgeber:

Mehr Zeit für Kinder e.V.
Fellnerstraße 12
60322 Frankfurt am Main
Tel. 069/ 15 68 96-0, Fax -10
E-Mail: info@mzfk.de
www.mzfk.de

BARMER Ersatzkasse
Abteilung Kommunikation und Vertrieb
Lichtscheider Straße 89–95
42285 Wuppertal
Tel. 02 02/5 68-18 02
E-Mail: info@barmer.de
www.barmer.de

Konzeption: Klaus Conrad, Mehr Zeit für Kinder e.V.

Projektleitung und Redaktion: Regina Lindhoff, Mehr Zeit für Kinder e.V.

Redaktionsassistenz: Andrea Dusch, Matthias Schmitt

Projektleitung BARMER: Susanne Wickmann

Fachliche Beratung BARMER: Claudia Tobis, Bernd Brandemann, Ulrich Heise

Wissenschaftliche Beiträge: Prof. Klaus Hurrelmann, Universität Bielefeld
Dr. Gabriele Haug-Schnabel, Universität Freiburg

Autoren: Kristin Schade, Kerstin Gemballa,
Karin Schäufler

Layout und Illustration: Tobias Borries Studio, Offenbach am Main

Printed in Slovakia
ISBN 3-00-010447-X

Das Buch ist über den Mehr Zeit für Kinder e.V. käuflich zu erwerben. Es ist im Buchhandel nicht erhältlich.
Bisher sind folgende Buchpublikationen der BARMER und des Mehr Zeit für Kinder e.V. erschienen:

- Das Gesundheits-Spielebuch
- Sprich mit mir!
- Familien in Bewegung
- Eltern sein – Die ersten Jahre